Ruedi Widmer
Widmers Weltausstellung

Ruedi Widmer

Widmers Weltausstellung

Cartoons und Kolumnen

Rotpunktverlag.

Der Verlag dankt für die Unterstützung.

Stadt Winterthur

Der Rotpunktverlag wird vom Bundesamt für Kultur
mit einem Strukturbeitrag für die Jahre 2016–2020 unterstützt.

© 2018 Rotpunktverlag, Zürich
www.rotpunktverlag.ch

Umschlagbild: Ruedi Widmer
Lektorat und Redaktion: Patrick Hegglin
Gestaltung und Satz: Ulrike Groeger
Druck und Bindung: Friedrich Pustet, Regensburg

ISBN 978-3-85869-777-6
1. Auflage 2018

Vorwort

Ah!

*Stefan Gärtner (Hannover)
über Ruedi Widmer (Winterthur)*

Dass alles auch ganz anders sein könnte, ist sicher eine der triftigeren Überlegungen. Nehme ich, weil es nichts kostet, einmal an, ich wäre Ruedi Widmer, dann hätte das Vor-, aber auch Nachteile. Ich hätte weniger Haare auf dem Kopf, dafür mehr ums Kinn herum; ich dürfte mit wunderschönen Frankenscheinen zahlen, würde aber furchtbar viele davon benötigen; und ich müsste mein Brot zwar immer noch mit Zeitkritik verdienen, könnte es aber in aller Schweizer Ruhe tun.

Mein Freund Ruedi führt nämlich in jedem Fall das ruhigere Leben, selbst wenn es, was möglich ist, viel aufregender ist als meines. Das ist eine Frage der Mentalität, durchaus auch der nationalen. Fällt mir, dem nervösen Reichsdeutschen, etwas als unerträglich auf, wetze ich sogleich mein polemisches Besteck, filetiere das Böse, würze mit Galle und serviere alles genauso heiss, wie es gekocht worden ist. Begegnet hingegen Ruedi etwas Störendes, kocht er sich erst mal einen mittelstarken Schümlikaffee, schaut aus dem Fenster und denkt dann: «Ah!» Erzähle ich ihm eine Geschichte oder einen Skandal, ist dieses «Ah!» seine Reaktion der Wahl, eine echt schweizerische Reaktion, weil sie sowohl Interesse als auch das Gegenteil ausdrückt. «Ah!» bedeutet: Gibt's doch nicht, aber eben auch: Natürlich gibt es das. Wie kann man annehmen, das gäbe es nicht?

Alles eine Frage der «Haltung» (Widmer), und bin ich in der Tradition Chlodwig Poths ein «Berufsärgerer», der sich die erste von vielen Dosen Dummheit mit der Morgenzeitung zuführt, um hernach ein heiliges Geschrei anzustimmen über die stets noch ein wenig ärger mahlende Globalidiotie, sagt Ruedi «Ah!» und sublimiert, indem er aus arglosem Strich einen gleichwie kindlichen Cartoon fliessen lässt oder eine Glosse schreibt, die nicht zetert, sondern staunt. Das entspricht nicht nur dem ausgleichenden, konkordanzdemokratischen Naturell des leidenschaftlichen Winterthurers, sondern hat auch auf ganz natürliche Weise jenen freundlich herablassenden Effekt, den Erregungsmenschen wie ich mittels Rhetorik erst herstellen müssen.

Ruedis Art, mit einer vorgeblich «rationalen Welt» (Widmer) und ihren «Geheimnissen» (ders.) umzugehen, ist dagegen die des Erwachsenen, der den Kindereien von Nachwuchs oder Chef mit gesunder, doch nie indifferenter Distanz begegnet. «Ah!» heisst hier, dass man zwar Bescheid weiss, aber nie genug erfahren kann und dass auch gröbster Quatsch ein Teil von Gottes Schöpfung ist. Satire, steht irgendwo bei Kraus, sei Ja und Nein zugleich, und obzwar Ruedi, wie seine Landsleute alle, denkbar krausfern agiert, auch nicht die Spur wie Kraus aussieht, will mir scheinen, das «Ah!», von dem hier die Rede ist, sei ein Nein, das einer wie ein Ja ausspricht. In zahlreichen Kulturen, der japanischen etwa, ist das Nein im

Sprachverkehr bekanntlich gar nicht recht vorgesehen, und in wie vielen Reiseführern habe ich den Satz gelesen, man werde von den Einheimischen jederzeit eine Wegbeschreibung erhalten, und sei es auch eine komplett falsche. In der Schweiz wird zwar durchaus nein gesagt, zu Europa etwa, günstigen Lebensmitteln oder Fremden, aber es ist ein Nein, das dialektisch die Feier «schöner Gegenwart» (Ludwig Tieck, *Franz Sternbalds Wanderungen*) aus Kalbsbratwurst, SUV und SVP meint, eine Gegenwart, wie sie Brüssel und Afghanen nun einmal bedrohen.

Dass Ruedi kein Schweizer Spiessbürger ist, beweist sich nun daran, dass sein Nein kein Ja ist, sondern, schon ziemlich umgekehrt, sein Ja ein Nein, wie jenes eben auch als «Ah!» oder sogar «Aha!» verstanden sein will, als gleichsam vorurteilslose Version von Kästners melancholischem «Na ja». Was den trostvoll komischen Effekt erklärt, den Ruedis Cartoons und Kolumnen haben, die Grosses ohne Aufhebens kleinmachen und noch den stumpfsten Blödsinn als «Witz und Wunder» (Eckhard Henscheid) akzeptieren, wo nicht erst zum Schimmern bringen.

So dass mein Freund Ruedi Widmer als Romantiker gelten könnte, wenn wir Grund zu der Annahme hätten, in der emsig bürgerlichen Schweiz sei derlei überhaupt erlaubt, und wenn er nicht andererseits über das Unschöne und Änderswerte der Gegenwart so unbedingt und umfänglich Bescheid wüsste.

«Ruedi», sage ich also, «du bist ein linker Romantiker! Ein dialektisch linksromantischer Künstler!»

Sagt Ruedi:

«Ah!»

Stefan Gärtner war Redaktor bei der Titanic *und ist heute Schriftsteller und Satiriker.*

15. September 2011

Falsche Fahnen

Ruedi Widmer über befremdliche, gehässige und weltoffene Schweizerkreuze

Mein zweieinhalbjähriges Söhnchen kennt die Schweizerfahne. Jedes Tuch, das flattert, war bis vor kurzem für ihn eine «Schweizerfahne», auch wenn es die kroatische oder die italienische war. Auf unserem Postiweg flattert eine Schweizerfahne an der Strassenecke an einer Fahnenstange in einem Fünfzigerjahr-Wohnquartier. Meinem Söhnchen und mir gefällt diese Fahne. Wenn der Wind weht, dann klatscht das Seil gegen den Mast, und es macht «klackklack».

Wie schön und frisch kann die Schweizerfahne wirken: Wenn sie die Nati-Fans nach Xherdan Shaqiris Toren im Stadion schwenken. Wenn man das Ski-Alpin-Klassement im Fernsehen sieht und es ganz vorne Schweizerfähnchen dabei hat. Am Flughafen Zürich, auf den Heckflossen der Swiss-Flugzeuge. Am Heck der «Stadt Rapperswil» auf dem schönen blauen Zürichsee.

Es gibt aber auch die schlecht gelaunten Schweizerfahnen, die trotzig von verrammelten Balkonen herunterhängen. Sie sagen: «Hier wohnt ein richtiger Schweizer. Rund um mich ist nicht mehr Schweiz. Ich fühle mich fremd im Quartier.» Das Rot dieser Fahnen ist nicht leuchtend, sondern stumpf. Die Herunterhänger kommen sich vor wie Winkelriede. Das sieht man diesen Balkonen an. Ausser einem hervorlugenden Gewehrlauf deutet nichts auf Leben hin.

Schliesslich gibt es noch die falsch gezeichneten Schweizerkreuze (mit quadratischen Armen statt im Verhältnis 6:5), die chinesische Firmen auf Baseballkappen drucken, die dann in Luzern den Touristen verkauft werden. Auch auf Websites von Jung-SVPlern finden sich falsche Schweizerkreuze, flankiert von Fotos von Kapellbrücke und Matterhorn. Ihr Bild der Schweiz ist so unbedarft und naiv wie das eines durchschnittlichen japanischen Touristen. Ihre GIF-animierten flatternden Pixelschweizerfahnen laden sie von irgendwelchen Internetbilderbanken herunter, die auch Spass- und Pornobildchen fürs Handy feilbieten.

Dann gibt es noch die Schweizerkreuze, die diese komische «Swissness» markieren sollen. Wie pissende Hunde klackern uninspirierte Verkaufsberater ein Schweizerfähnchen auf ihre schlechten Produkte. Oft ist mir aufgefallen, dass es besonders dann auf Produktetiketten auftaucht, wenn das Unternehmen gerade ins Ausland verkauft wurde und seine tatsächliche Swissness verloren hat.

Und dann gibt es auch noch die befremdlichen Schweizerkreuze, die aus schlechtem Gewissen montiert werden. Sie finden sich auf Kebabständen von türkischen Einwanderern, die auch noch «Zermatt Kebab» heissen, bei überassimilierten Italienern, die vor lauter Schweizerwerdung am liebsten Blocher um den Hals fallen würden.

Das empfangende, freundliche Schweizerkreuz meine ich zu sehen bei Einrichtungen des Staates, auf Publikationen des Bundes, auf der Front von SBB-Lokomotiven, flatternd vor Schulanlagen, leider auch auf den Briefen der Eidgenössischen Steuerverwaltung. Es wirkt vernünftig, offiziell, staatstragend.

Das ausschliessende, gehässige Schweizerkreuz, des Spiessbürgers privates Kreuz, das Blocherkreuz, das sehe ich auf SVP-Plakaten, hinten auf Geländewagen klebend, auf Aktenkoffern schwitzender dicker Männer im Zug, auf schwarz unterlegten Websites von Rechtsradikalen.

Gott, allmächtiger, bin ich staatstragend geworden? Vielleicht schon ein bisschen, seit uns die SVP den Stillstand als Revolution verkaufen will. Aber die Schweizerfahne hat in ihrer Geschichte noch nie stillgehalten. Sie flattert seit eh und je im Wind der Welt.

Fernsehen hält die Regionen zusammen

Sissach — "Also die Frisur..!"

Weinfelden — "Jesses, da Chleid du."

Littau — "Isch wider disi im Färnseh?"

Dieflikon — "Also, das isch scho es Beeri, die."

widmer

12. NOVEMBER 2009

Der Sohn, der neue Mensch

Ruedi Widmer über Carl Hirschmann, Julian Lennon und Hannibal Gaddafi

«Carl Hirschmann, Playboy, Sohn, Unternehmer, Vielredner», titelt der *Tages-Anzeiger*.

Es sind die Zeiten der Söhne. Carl Hirschmann, Jean Sarkozy, Hannibal Gaddafi. Sie verhalten sich auffallend. Auch Hans-Rudolf Merz, der ja ebenfalls, man denkt kaum daran, Sohn eines eigenen Vaters ist.

Sohn ist man in der öffentlichen Wahrnehmung erst, wenn der Vater bekannt ist. Deshalb ist Hans-Rudolf Merz kein Sohn, wie dies Hannibal Gaddafi ist. Auch Matthias Hüppi nicht, oder Jay-Z, oder Brad Pitt. Wir kennen ihre Väter nicht. Sind sie also Söhne?

Wir kennen Merz' Vater nicht. Merz selber aber kennt ihn. Das heisst, Merz befindet sich gleichzeitig in zwei Zuständen. Als Sohn, aber auch einfach als Mann. In der Quantenphysik spricht man von der quantenhaften Schwebung. Während ein Teilchen in der klassischen Physik nur entweder viel Energie oder wenig Energie haben kann, kann es in der Quantenphysik beide Zustände gleichzeitig einnehmen. Das bekannte Gedankenexperiment «Schrödingers Katze» des Physikers Erwin Schrödinger beschreibt dieses Phänomen anschaulich.

Ich schreibe den vorangegangenen Abschnitt vor allem, weil mich kürzlich eine E-Mail erreicht hat, in der ein Herr schreibt, er habe noch nie einen grösseren Mist gelesen als meine Minarettkolumne in der WOZ. Ich will beweisen, dass er nicht recht hat, indem ich ihm einen noch grösseren Mist zu lesen gebe.

Zurück zu den Söhnen. (Ob man Sohn ist oder nicht, gilt natürlich auch für Töchter.) Julian Lennon ist so stark Sohn, dass es ihm wehtut. Ebenso Jakob Dylan (der sich ja auch Zimmerman hätte nennen können. Aber man profitiert dann doch von Vaters Künstlernamen, der einem gleichzeitig schadet).

Es gibt auch Väter, die in unseren Augen keine Väter sind. So ist Hans-Rudolf Merz Vater von drei Söhnen. Weil man diese aber nicht speziell kennt, ist Merz' Vatersein inexistent. Als Bundesrat wäre er zudem gratis Landesvater, aber dieses Wort las ich noch nie in Zusammenhang mit seinem Namen. Die Väter von Roger Federer oder Michael Jackson sind in erster Linie als Väter von Söhnen bekannt, nicht als Söhne.

Was ist mit meinem Sohn? Wird man dereinst sagen, er sei der Sohn von mir, oder dass ich der Vater von meinem Sohn sei? Wenn mein Sohn sein Leben so meistert, wie die Lebenserwartungszahlen für die Schweiz es voraussagen, wird er den Beginn des 22. Jahrhunderts erleben – ein unheimlicher Gedanke. Seltsam ist auch die Vorstellung, dass der US-Präsident von 2046 bereits auf der Welt ist. Er selber weiss von seinem Glück noch nichts, vielleicht ist er erst Schüler in der Unterstufe. Wir wissen es aber schon. Wir wissen also mehr über ihn als er. Ich erspare Ihnen eine Theorie der Quantenphysik, die dieses Paradox verständlicher machen kann.

Es gibt ein Album der Band Tortoise, das *Millions Now Living Will Never Die* heisst. Möglich, dass sich diese Aussage als richtig erweisen wird. Die Biotechnologie schläft nicht. Man wird dann als Urururenkel an Feste von Urururgrossvätern eingeladen.

Aber ebenso unheimlich ist, dass niemand von 1900 heute noch lebt, ausser ein paar wenigen Methusalemen. Die Schweizer Bevölkerung ist seit 1900 in Gänze ausgetauscht worden. Wir leben noch immer in den gleichen Städten, teilweise den gleichen Häusern, aber wir sind andere Menschen.

Die letzten Geheimnisse einer rationalen Welt von Ruedi Widmer

Nr. 749 / Die Schwierigkeit der Familiennachfolge

Diktator Kim Jong-Un hat sich seit einem Monat nicht mehr in der nordkoreanischen Öffentlichkeit gezeigt. Es gibt Gerüchte, wonach ihm der von Papa geerbte Diktatorenjob nicht behage und er sich viel lieber mit Vergnügungsparks oder Popmusik befasse.

Viele Kinder von Diktatoren leiden unter der Zwangsdiktatorenschaft, die über sie hereinbricht beim Tod des Vaters. So hatte auch Herbert Hitler, ältester Sohn von Adolf und Eva Hitler(-Braun) schon als Kind überhaupt keine Lust, in die Fussstapfen des Vaters zu treten.

Als Herbert ins diktaturfähige Alter kam, war die BRD etabliert, und es gab nichts mehr zu diktieren. Er arbeitete bei einer Versicherung, später war er Animator an einem Strand in Mallorca.

Der Unlust Herberts bewusst, übertrug Adolf Hitler die Geschäftstätigkeit schon 1945 seinem zweitgeborenen Sohn Henning, der diese bei Volljährigkeit 1963 antrat. Grossdeutschland war inzwischen auf die Grösse einer Dreizimmerwohnung in Frankfurt zusammengeschrumpft. Henning Hitler tyrannisierte aber immerhin seine Ehefrau ganz fachmännisch.

Kim Jong Un wäre froh, auch nur eine Dreizimmerwohnung besitzen zu müssen und den ganzen Diktaturballast Nordkoreas abladen zu können. Zwangsdiktatoren sind keine wirklich guten Diktatoren. Sie sind nur halb bei der Sache und oft zu wenig böse. Zur Sicherung des weltweiten Qualitätsdiktatorentums ist die Zwangsdiktatur abzuschaffen. Kim Jong Un wird also bald wieder in Bern wohnen.

7. Mai 2009

Emmentaliban

*Ruedi Widmer über Gerechtigkeit
und gleiche Regeln für alle*

Im Zeitalter einstürzender Hauptbahnhöfe, biblisch anmutender Seuchen, Minarettenbauwut, schwuler Strassenparaden und lesbischer Stadtpräsidentinnen haben es die wahren Christen immer schwerer. Während sich die SchweizerInnen zunehmend urbanisieren, beginnt sich der echtchristliche Teil zu talibanisieren. «Wenn die Muslime Schwule hauen dürfen, dürfen wir das auch», sagt man sich in der Familienlobby und der EDU. «Wenn die Saudis so fest glauben dürfen, dürfen wir das auch», ereifert sich die International Christian Fellowship (ICF) und stürzt sich sogleich in eine wilde Celebration. «Wenn Mugabe Ahmadinedschad nett findet, dann darf ich das auch», sagt sich Horrorkünstler H.R. Merz *(Alien)* und bleibt gerade noch etwas länger Bundesrat.

Die Entwicklung, die wir derzeit in Afghanistan und im pakistanischen Swat-Tal beobachten, ist nur die Vorstufe dessen, was dereinst im Zürcher Oberland, im Emmental oder im Toggenburg passieren wird.

«Wenn sich der afghanische Krieger, der Linkschaot oder, wie in Mexiko, sogar die gesamte Bevölkerung vermummen darf, dürfen wir das auch», sagt man sich in den zum Kampf entschlossenen Tälern der Schweiz. Der St. Galler Textilindustrie steht wieder eine Blütezeit bevor angesichts des Bedarfs an Kopfwindeln für die freikirchlich Erweckten und ihre SVP-Kompagnons. Sie werden mit ihren Toyota-Pickups und ihren im Schrank lagernden Armeewaffen die Täler rauf- und runterpatrouillieren. Begegnen sie einer Frau, wird sie entweder als Verräterin beschimpft oder hinter den Herd oder in eine Baggerfirma geprügelt.

«Wenn die Engländer in Guernsey fremde Steuergelder verstecken, dürfen wir das auch», spinnt Alfred Heer, Präsident der ebenfalls antalibanisierten Zürcher SVP den Gedanken weiter. «Wenn die Saudis Kirchen verbieten, dann dürfen die Muslime hier auch keine Minarette bauen», krächzt Kollege Schlüer.

A. Heer, die Elternlobby, U. Schlüer, der ICF, der Bundesrat, die EDU und wie sie alle heissen handeln nicht etwa kindisch. Sie sagen nicht: «Mami, wenn Yannik das Playmobil-Schiff hat, dann will ich das Playmobil-Piratenschiff» (um ersteres zu überfallen), sondern sie sagen nur: «Mami, wenn Yannik das Playmobil-Schiff hat, will ich auch eins.» Das ist ein wichtiger Unterschied. Die vermeintlich Ungerechten, Egoistischen und Intoleranten sind vielmehr Verfechter der Gerechtigkeit. Die EDU und die SVP wollen ja nur, dass das Schweizer Recht endlich auch die Ausländer einbezieht: der Schweizer also das Gleiche tun darf wie der Taliban (Frauen peitschen), der Albaner (rasen), der Engländer (Steuergelder verstecken), der Deutsche (Nachbarländer beschimpfen) oder der Italiener (mit jungen Chicks rumturteln, bis die Alte davonläuft).

Nun gilt Gerechtigkeit immer auch umgekehrt: Wenn der Echtchrist nicht schwul sein darf (obwohl es ihn oft reizt), muss folglich der Schwule auf sein Schwulsein verzichten. Und der Muslim hat hierzulande auf sein Minarett zu verzichten, weil der Saudi nicht mitmacht bei der internationalen Gerechtigkeit. Der Schwule und der Muslim haben also solidarisch zu handeln.

Dass sich die Entwicklungen im Swat-Tal und im Toggenburg gleichen, ist ein hoffnungsvolles Zeichen dafür, dass endlich weltweit die gleichen Regeln gelten. Und das ohne UNO oder anderes so Zeugs, das nur viel Geld kostet. Der Rechtsstaat ist nie gerecht, die Gerechtigkeit immer. Gott ist gross.

Essigburken

Beitrag zur Burkadiskussion, der wahrscheinlich niemandem etwas nützt.

Burkenpflanze

Widmer

24. Februar 2011

51 Prozent erreichen

Ruedi Widmer übt sich als Politiker

Der Linken zeige ich heute, wie man erfolgreich politisiert. Ich nehme als Beispiel den kürzlich in der Stadt Zürich vom Volk angenommenen Swissmill-Silo. Es ging um die Aufstockung eines 40 Meter hohen Getreidesilos auf 120 Meter. Dagegen waren nur der Quartierverein Wipkingen, die Alternative Liste AL und die Badegäste im Flussbad Unterer Letten wegen des Schattenwurfs.

Nehmen wir an, nicht die AL, sondern die SVP wäre dagegen gewesen. Ich trete für dieses Gedankenexperiment virtuell der SVP Stadt Zürich bei, bekomme automatisch einen Sitz im *SonnTalk* von *TeleZüri* und weiss dadurch auch um die Aufmerksamkeit von *Tages-Anzeiger/Newsnet*.

Zu Gast bei Markus Gilli: Ich sage beiläufig ein erfundenes Argument, der Swissmill-Silo sei nicht nur für das Auge zu hoch. Wenn man oben Getreide einfülle, sei dieses, bis es 120 Meter tiefer wieder für die Weiterverarbeitung entnommen werde, bereits verfault. Kein Mensch wolle Brot essen, das aus diesem Getreide gemacht werde. Die anderen GesprächsteilnehmerInnen stempeln dies als Unsinn ab. Sie können es aber nicht sofort widerlegen, weil sie kein Fachwissen besitzen. Ich sage: «Wenn ein 120-Meter-Silo unproblematisch wäre, gäbe es in der Schweiz Dutzende davon.» Die Sendezeit ist abgelaufen. Ich bin sehr zufrieden: Ich habe erfolgreich eine erfundene Angst in die Welt gesetzt.

Die Medien transportieren das Argument weiter: *20 Minuten*: «Swissmill: SVP-Widmer warnt vor faulem Getreide.» *Tages-Anzeiger/Newsnet*: «Verfault das Getreide im Swissmill-Silo?» In diesem Artikel komme ich zu Wort: «Solches Getreide will kein Mensch essen.» Nach mir wird ein Experte für Getreidetechnologie zitiert: «Was Widmer sagt, ist reine Polemik und wissenschaftlich nicht haltbar.»

Ich rufe zu einer Pressekonferenz. Ich beschwöre die Fäulnisgefahr, nenne die Experten «Pseudo-Experten», haue ein bisschen auf die Wissenschaft ein. Die Fragen aus der Runde sind dürr. Einer Journalistin, die mit einem Professor für Nahrungstechnologie gesprochen hat, sage ich väterlich: «Wissen Sie, als Professor für Nahrungstechnologie würde ich auch nicht gegen meine Zunft sprechen.» In einer Diskussion im «Ochsen» werde ich von Lokalpolitikern angegriffen. Ich wiederhole das Fäulnisargument, während dem SP-Vertreter ob meiner Nonchalance fast der Kragen platzt: «Sie erzählen einen kompletten Unsinn, Herr Widmer!» Ich sage nur: «Warum regen Sie sich so auf? Da erhält man ja fast den Eindruck, sie verlieren die Fassung, weil ich aufdecke, was Sie unter dem Deckel halten wollen.» Der Saal applaudiert.

Dann hängen überall SVP-Plakate: Ein kotzendes Comicmännchen sagt: «Schweizer essen kein verdorbenes Brot!» Unten «Faules Getreide? NEIN zum Swissmill-Silo».

SVP-AktivistInnen verteilen Flyer vor Bäckereien: «Soll es hier drin nicht mehr nach frischem Brot riechen, sondern nach Fäulnis stinken?»

In den Kommentarspalten liest man Dinge wie: «Widmer übertreibt wohl, aber ich kann mir schon vorstellen, dass es nicht besonders hygienisch ist.» Niemand spricht mehr über den Wirtschaftsstandort. Nur noch über faules Getreide.

Am 13. Februar wird der Silo knapp mit 51 Prozent Nein-Stimmen abgelehnt.

24. Mai 2007

Word!

Ruedi Widmer über Stalagmitenmusik und übereifrige Schulleiter

Ich war gestern am Zürcher Konzert der grossartigen Pet Shop Boys. Das Duo besteht bekanntlich aus dem Sänger Neil Tennant und dem Keyboarder Chris Lowe. Schon seit ihrer Gründung 1983 ist die Aufgabenteilung klar: Tennant singt und ist Conférencier der Show, Lowe steht erstarrt mit Käppi und Sonnenbrille daneben und drückt manchmal etwas auf dem Laptop herum. Lowe erklärte einmal in einem Interview, es gäbe nichts Lächerlicheres als einen Keyboarder, der sich rhythmisch bewege und mit der Faust in der Luft herumfuchtle. So wie die Gitarre fliegt, steht das Keyboard. Also verhält sich der Bediener gerätgerecht. Chris Lowe übernahm, neben Kraftwerk und einigen Synthie-Wavern, eine Pionierrolle im angebracht Hinter-dem-Keyboard/Laptop-Stehen und definierte damit eine Haltung, die sich lange bewährte und die zum Beispiel vom deutschen Technomusiker Atom Heart in seiner Rolle als Señor Coconut bis zum Exzess getrieben wurde. Bei diesem Projekt spielt eine wilde Latin-Live-Bigband, während der Meister mittendrin auf einem Podestchen unbeweglich und kerzengerade vor einem Laptop steht.

Seit die Laptopmusik normal ist, sieht man bei Techno-Acts auch richtiges Gerocke und Headgebange hinter dem Bildschirm, was mir persönlich eigentlich insofern gefällt, als es ein Hinweis darauf sein könnte, dass die performende Person auch wirklich irgendetwas macht, das mit der erklingenden Musik zusammenhängt. Es heisst nämlich von Elektronik-Mozart Aphex Twin, der sei bei Laptop-Liveauftritten stundenlang mit Computerspielen beschäftigt und lasse einfach einen vorab gefertigten Mix laufen.

Das alles kommt mir in den Sinn, weil ich heute las, dass die amerikanische Liverpool High School, die früh eine Vorreiterrolle im computergestützen Unterricht einnahm und für Millionen Laptopgeräte installierte, eine 180-Grad-Kehrtwendung unternahm und alles Computerzeugs aus dem Schulzimmer warf. Schulleiter Tom Davies merkte an, SchülerInnen hätten in den Mathestunden alle drei *Herr der Ringe*-Filme geschaut oder die Geräte dafür benutzt, riesige MP3- und Pornolager anzulegen. Die Kinder sind also nicht zu den Genies geworden, die die PädagogInnen und die Informatikindustrie vom Himmel herab versprachen.

Diese Nachricht freute mich als eine in Sachen Computerbildung reaktionäre Person ungemein. Es gibt kaum Bedauerlicheres als nervöse BildungspolitikerInnen, die finden, weil sie selber nur Word, PowerPoint und Internetexplorer können, müsse die Jugend möglichst früh an diese komplizierten Dinge herangeführt werden. Dabei ist ein Kind, welches mit Word arbeiten muss, dauerhaft geschädigt, und zwar weil Word ein Müllprogramm ist. Würde das Kind stattdessen mit Lego bauen, Geschichten anhören, etwas vielleicht Geometrisches malen und Lieder singen, würde es als erwachsener Mensch garantiert ein besseres Programm als Word erfinden. Dazu muss man nämlich nicht herumklicken, sondern richtig denken und kombinieren können. Man kann jetzt sagen, der Erfinder von Word habe ja als Kind der Fünfzigerjahre sicher viel Geometrisches gemalt und viele Lieder gesungen und garantiert nie Pornosammlungen auf Schulcomputern angelegt und sei doch nicht auf eine bessere Idee als Word gekommen. Das stimmt. Hier beginnt ja bereits das Unerklärliche an Word.

3. Mai 2012

Die Schweiz hatte Stil

Ruedi Widmer beklagt die verödete Werbelandschaft

Kürzlich habe ich die Ausstellung «100 Jahre Schweizer Grafik» im Museum für Gestaltung Zürich besucht. Nach einer Stunde war ich beschwingt und um eine Einsicht reicher: Man sollte alle aktuellen Werbe- und Marketingleute an einem schönen Ort, vielleicht auf dem Rütli, zusammentrommeln und ihnen heftig die Leviten lesen.

Es gibt eine unüberschaubare Auswahl von Autos. Daihatsu Materia 2WD, Audi Q3, Hyundai Veloster, Nissan Qashqai, Ford S-Max oder Ssang Yyong Korando. Die Gefährte mit diesen schrecklichen Namen fahren auf den Strassen herum, und eines sieht aus wie das andere. Die Werbung für diese Unprodukte ist die Werbung, die uns im Internet anblitzt und auf den Plakatwänden anödet. Der Markt produziert Kopien von Kopien von Kopien. Es gibt keinen VW Golf mehr oder einen Porsche 911.

Und wenn ich den wöchentlichen Anruf von Talk Easy bekomme, bei dem mich eine ungehobelte Person beschimpft, weil ich nicht deren Telefonnetz benutzen will (einmal war es sogar eine betrunkene Person), oder ein Mailing von der x-ten neuen Krankenkasse, die von «hervorragender Qualität», «Emotionen» und «Momenten» labert, dann fühle ich den blanken Hass auf dieses ganze Marketinggesindel, das alle Kanäle mit dummem Geschwätz verstopft.

Wer sich letztere Produkte ausdenkt, soll auf seine Werbung schreiben: «Unser Ziel: Unser Gewinn!» Das entspräche dem in der Ausstellung gezeigten sachlichen grafischen Swiss Style zwischen den Vierziger- und den Siebzigerjahren. Er versprach nur das, was drin war.

Ich sammle alte Schweizer Werbeplakate. Nicht die legendären und teuer gehandelten, sondern die B-Liga. Gute Qualität (ja, dieses Unwort ist hier noch angebracht) von eher unbekannten Gebrauchsgrafikern. Ein Plakat von Coop aus den Sechzigerjahren: Ein gezeichnetes lachendes Kreidemännchen auf knallblauem Hintergrund umarmt ein knuspriges Brot und hält ein oranges Fähnlein mit dem «co-op»-Logo in der Hand. Formsicher, charmant. Jetzt aber: Es steht auf diesem Plakat nicht: «Coop-Brote – für Ihre ganz speziellen Frühstücksmomente», oder: «Coop-Brote bringen Emotionen auf den Küchentisch» oder so ein Käse. Nein, es steht gar nichts drauf. Die «Emotion» ist ja schon da: das frische Brot!

Mir scheint, als spürten viele gegenwärtige Marketingleute diese «Emotionen» nicht, wenn sie nicht angeschrieben sind. Und weil sie in ihrer Ausbildung streng nach Schulbuch gelernt haben, was auf einer Werbung drauf sein muss. Es gab eine Zeit, als der Gründer von ABM direkt zum Grafikerpaar E. & U. Hiestand ging und sagte: «Erfindet mir eine intelligente grafische Formensprache.» Einfach so, ohne alles einzb-

nende MarketingspezialistInnen, Publikumsumfragen, wissenschaftliche KonsumentInnenanalysen.

Das Mühselige, Verkrampfte und letztlich auch Lieblose der meisten aktuellen Werbungen entsteht durch die Unsicherheit der Auftraggeber und die Verweigerung aller Beteiligten, Verantwortung zu übernehmen. Es wird alles hundertfach abgesichert, weil es um viel Geld geht. Diese Angst überträgt sich auf die Leute, die für die Auftraggeber Werbung machen. Die grassierende Swissness-Welle ist das Gegenteil des Swiss Style: Swissness ist Angst, Angst, den Konsumentinnen und Konsumenten nicht schweizerisch genug zu sein. Swissness ist so spiessig wie der Mundartpop von Plüsch.

Der Swiss Style hingegen ist derart direkt, dass er auch heute noch moderner aussieht als Werbung der Neunzigerjahre. Der Swiss Style hat etwas, das einem Grossteil der Konsumwirtschaft fehlt: Haltung.

Entwürfe für eine Werbekampagne
(vom Kunden abgelehnt)

Herausforderung Zukunft.

Wir lieben Herausforderungen. Zum Beispiel, wie wir Ihnen Preiserhöhungen glaubhaft begründen können. Denn unsere qualitativen Tariferhöhungen verlangen stets zukunftsorientierte Preisaufschläge. Jederzeit. Tag und Nacht. Und das rund um die Uhr.

DIE POST

Sonne, Wasser, Sand.

Die Post ist Ihr kompetenter Partner, wenn es darum geht, den Versand von Post versanden zu lassen. Postfilialen versperren die Sicht auf neue Horizonte und verursachen Kosten, die wir nicht auf die Kunden abwälzen wollen. Die Brief- und Paketpost fällt damit ins Wasser. Für Sie. Kühl und erfrischend.

DIE POST

Pfunde verlieren.

Sie haben zugenommen über die Festtage? Kommen Sie zu uns. Wir von der Post wissen, wie man überflüssige Pfunde verliert. Der zweistündige Gang zur nächstgelegenen Poststelle ist schon ein Anfang. Doch die Post geht weiter, und eröffnet in Zürich, Bern, St. Gallen und Lausanne demnächst die ersten supermodernen Post-Fitnesscenter.

DIE POST

Nägel mit Köpfchen.

Der Heimwerkermarkt boomt. Der anspruchsvolle Kunde würde es der Post verübeln, wenn sie hier die Zukunft verpassen würde. Doch wir sind startklar. Besuchen Sie unsere neue Post-Baucenter in Altstätten, Hinwil, Emmen und Spreitenbach. Sie werden sehen: Selber machen macht Spass.

DIE POST

widmer

21. April 2011

Schwarz-weiss denken

Ruedi Widmer über klimaschonendes Frauenausführen

Man wirft den Grünliberalen vor, sie würden Dinge verbinden, die nicht verbunden werden können. Wirtschaftswachstum und Umweltschutz seien ein Widerspruch. Obwohl ich das selber auch vermute, muss ich es ja noch lange nicht sagen, weil nämlich der Spielraum für Umweltschutz plötzlich viel grösser wird. Für gedanklichen Umweltschutz. Dieser ist viel wirkungsvoller als realer Umweltschutz, weil er sehr viel effizienter ist. Toni Brunner hat mit seiner kühnen Idee, die Einwanderung einzufrieren, gleich mal das AKW Mühleberg abgestellt. Damit hat er mehr erreicht als alle, die das AKW real und nicht gedanklich abschalten wollen.

Nach wie vor geht die Erwärmung der Atmosphäre weiter. Das helle Eis der Polkappen schmilzt wegen des zunehmenden CO_2-Gehalts in der Atmosphäre. Die Erdoberfläche wird zunehmend dunkler. Damit beschleunigt sich die Erwärmung noch um einiges mehr, denn die Strahlen der Sonne werden nicht mehr von den Eismassen reflektiert und ins All zurückgeworfen.

Ich öffne jetzt meinen Kopf, nehme mein Hirn heraus und schreibe den Text weiter mit einem in Toni Brunners Haus der Freiheit gefundenen Hirn. Dieses zeichnet sich aus durch die Fähigkeit, keinem Wissenschaftler etwas zu glauben, ausser sämtlichen Atomphysikern und Christoph Mörgeli. Also:

Sollen Leute, die ein weisses Auto besitzen, dafür belohnt werden? Ist der ökologische Nutzen, den ein weisses Auto durch seine Sonnenlicht-Rückstrahlfähigkeit besitzt, grösser als der ökologische Schaden, den das Auto selber verursacht? Könnte der Klimawandel gestoppt werden, wenn wir nur noch mit weissen Autos herumfahren würden? Würde sich der Zustand des Klimas sogar verbessern, wenn heute noch autolose Personen sich einen weissen Wagen zulegen würden?

Im grossen neoliberal-nationalistischen Gedankenstrom wird die Welt ganz einfach und ganz logisch. Der weisse Mann in Europa darf deswegen viel mehr Energie verbrauchen als der Afrikaner, weil des Europäers weisse Haut durch ihre Rückstrahlung seinen Energieverbrauch relativiert, wohingegen der Afrikaner zwar einerseits weniger Energie verbraucht, aber dafür andererseits auch weniger Sonnenstrahlen ins All zurückwirft und somit gesamthaft in der Umweltbilanz mit dem Europäer gleichauf liegt.

Auf den ersten Blick scheint die Umweltbilanz eines Arabers besser zu sein als die eines Europäers. Viele Araber (besonders die in der «Tagesschau») verrichten ihr Tagwerk in weissen Gewändern, und sie verbrauchen pro

Kopf kaum mehr Energie als Afrikaner. Ideal für die Energiebilanz!
Doch nun kommt die Ehefrau dazu, die die Energiebilanz gleich wieder relativiert mit ihrer dunklen Burka. Und ein Araber hat sogar mehrere Frauen. Damit schneidet er in der Energiebilanz schlechter ab als ein Europäer. Weil der Araber dem Schweizer aber in einem Punkt voraus ist und seine Frau ins Haus sperrt, wird die Bilanz wieder etwas besser. Der Schweizer Mann sollte nun aber seine weisse Frau nicht etwa frei herumlaufen lassen, sondern sie gleichfalls im Haus halten, auch wenn ihr Rückstrahlpotenzial dann brachliegt. Ausgleichen kann er diesen Rückstrahlverlust, indem er seine Frau sexy Kleider anziehen lässt, wenn sie (mit ihm) das Haus verlässt. Eine viel Haut zeigende Frau im Minijupe wirft in einer Stunde so viele UV-Strahlen zurück wie eine Schweizer Emanzenvogelscheuche das ganze Jahr über.

An dieser Stelle höre ich auf. Ich tue das allerdings nur, weil ich soeben von begeisterten rechtsbürgerlichen Lesern als Nationalratskandidat vorgeschlagen wurde.

Nach 8-10 Wochen Lebzeit müssen sich die weissen Körnchen entscheiden, ob sie lieber Salz oder Zucker werden wollen.

Widmer

8. April 2010

Telefonieren heute

Ruedi Widmer über Bärentelefonie

Unser Söhnchen ergreift seit einiger Zeit wahllos einen Gegenstand, führt ihn ans rechte Ohr und beginnt mit bedeutungsvoller Miene etwas zu plappern. Unser Söhnchen, das bis jetzt weder laufen noch richtige Wörter sagen kann (aber einige erfreuliche Laute vom Bauernhof), kann telefonieren. Kürzlich hat er mit einem Stoffbären telefoniert. Aber der Bär war nicht der Gesprächspartner, sondern der Bär war das Telefon. Alles ist Telefon.

Meine Frau hat jetzt ein iPhone. Es wäre aber vermessen zu sagen, des Söhnchens Telefonbegeisterung hätte mit dem iPhone zu tun, denn meine Frau telefoniert mit dem iPhone praktisch nicht, sondern sie schreibt E-Mails und hat so ein Gitarren-Stimmgerät heruntergeladen und spielt jetzt praktisch Gitarre mit dem iPhone. Die Gitarre ist das Telefon. Alles ist Telefon.

Die elterliche Angst, zu viel vor dem Kind mit dem Handy zu telefonieren und ein Handy-Kid heranzuzüchten, ist unbegründet. Denn wir haben ja auch ein Funktelefon am Festanschluss. Wir haben nirgends ein Telefon mit einem Hörer und einer Gabel und einem Kabel, geschweige denn einer Wählscheibe. Noch immer verkauft die Spielzeugfirma Fisher-Price bedenkenlos ein Telefon mit Gesicht auf Rädern, einer Wählscheibe und einem Hörer. Die Kinder sitzen dann darum herum und wissen gar nicht, was das für ein Gegenstand sein soll. (Notabene wird dieses bereits seit meiner eigenen Kindheit erhältliche Gerät nur noch mit einem lächerlich kurzen Kabel verkauft, wegen Strangulationsgefahr. Ein weiterer Grund, auch im Kinderzimmer auf die drahtlose Telefonie umzustellen.)

Unser Söhnchen hat jetzt ein rotes drahtloses Kinderblinkpiepstelefon bekommen statt des blöden Fisher-Price-Telefons. Nachdem es damit herumgepiepst hat, begann es erneut, mit Bleistiftetuis, Turnschuhen und Plastikenten zu telefonieren, auch wenn die Swisscom das nicht gerne sieht. Die Swisscom hat ja schon genug Kunden an die Skype-Telefonie (Internet, gratis) verloren. Wenn jetzt noch das Söhnchen mit seiner Bärentelefonie den Markt betritt, dann platzt wohl CEO Carsten Schloter endgültig der Kragen.

Das Fisher-Price-Telefon beschäftigt mich. Es könnte mit ihm nämlich durchaus so sein wie mit der Dampflokomotive. Diese hat sich auch in die Gene der Menschheit eingepflanzt. Alle KindergärtnerInnen zeichnen mit den Kindern, wenn sie einen Zug zeichnen, eine Dampflokomotive, obwohl kaum ein heutiges Kind je eine Dampflokomotive gesehen hat. Auch die KindergärtnerInnen kennen die Dampflokomotive nur, weil sie sie in *Jim Knopf und Lukas der Lokomotivführer* gesehen haben.

Das Telefon mit der Wählscheibe, das Fisher-Price immer noch anbietet, ist und bleibt das Sinnbild für Telefon, auch wenn es in der Gegenwart nicht mehr existiert. Indianer haben bei den Kindern auch immer noch Federn auf dem Kopf und reiten auf Pferden. Dabei hängen heutige Indianer in Bars herum und sind Alkoholiker. Kinder zeichnen Räuber immer noch mit rauchender Pistole und Filzhut, obwohl diese heute aussehen wie Brady Dougan. Auch Neandertaler werden heute noch so gezeichnet, wie sie damals ausgesehen haben, obwohl ein heutiges Kind von ihnen nur noch Carl Hirschmann kennt, der ja praktisch wie wir alle aussieht. Katholische Priester werden immer noch mit Kleidern gezeichnet, obwohl sie diese heute praktisch nicht mehr brauchen.

6. Juni 2013

Heterosexuelle Revolution

Ruedi Widmer über französische und andere Männer

Man kann nicht sagen, die FranzösInnen hätten ihre revolutionäre Ader abgelegt. Für die Freiheit machen sie vieles, für die Freiheit erschiessen sie sich in der Notre-Dame-Kathedrale in Paris, flüchten nach Russland oder demonstrieren für die Sache der Frau. Es geht nämlich nicht an, dass immer mehr Männer Männer heiraten und keine Frauen mehr. Was sollen denn diese Frauen ohne Männer machen? Andere Frauen heiraten können sie eben auch nicht, sonst hat es wieder Männer, die keine Frau finden, und das sind ja dann gern mal solche, die zum Islam oder zu Le Pen wechseln, sich Bärte oder Glatzen wachsen lassen und mit dem Sex ein Problem kriegen.

Nein, die Frauen, die keine Männer finden, drängen auch noch in den Arbeitsmarkt und müssen Geld verdienen. So sind sie eine starke Belastung für die Wirtschaft, die die Männer, die mit Männern verheiratet sind, ja ebenfalls beschäftigen muss, weil der Mann arbeitet und nicht einfach an den Herd berufen werden kann. Deshalb strömten die Leute von Frankreich auf die Strasse, um gleichgeschlechtliche Ehen im Keim zu ersticken. Sie haben Angst um ihre heterosexuelle Arbeitsstelle.

Nicht nur die EinwanderInnen belasten das System, auch diese neuen FranzösInnen selber: Früher gab es einfach verheiratete Männer und Frauen. Jetzt gibt es verheiratete Männer und Frauen, verheiratete Männer und Männer und verheiratete Frauen und Frauen. Das sind viel zu viele Personen für die französische Infrastruktur. Die Deutschen haben gerade festgestellt, 1,5 Millionen weniger zu sein, weil sie falsch zählten. Die FranzösInnen werden bald 30 Millionen mehr sein, weil sie falsch wählten (Präsident Hollande).

Die StänkerInnen, die sagen, gegen Lesben, Schwule, Kosovo-Albaner, Roma oder AmerikanerInnen dürfe man nicht demonstrieren, weil das ganze Gruppen von Menschen sind, sollen sich mal überlegen: Ist denn demonstrieren gegen eine einzelne Person, zum Beispiel Viktor Orban, Recep Tayyip Erdogan oder Wladimir Putin, nicht viel gemeiner? Diese einzelne Person kann sich nicht wehren und würde von den Tanzchaoten sofort spitalreif geprügelt. Volksgruppen hingegen können sich wehren, sie haben teilweise sogar grosse Armeen (USA) mit Drohnen.

Solche Argumente sind gerade gut genug für Leute, die sagen, sie hätten nichts gegen Schwule, «aber». Erstaunlich ist aber besonders etwas: wie viele Leute sich mobilisieren lassen, um gegen etwas zu sein, das sie nichts angeht. Vergleichen wir die tiefen Aufmarschzahlen von Demonstrationen, die alle angehen, zum Beispiel gegen das ausser Rand und Band geratene Wirtschaftssystem, mit der Anzahl DemonstrantInnen gegen die gleichgeschlechtliche Ehe, dann müssen wir sagen, das ist wie Äpfel mit etwa 500 Millionen Birnen vergleichen. Es ist schlichtweg lächerlich.

Die letzten Geheimnisse einer rationalen Welt von Ruedi Widmer

Nr. 830 / Der Nazivergleich

Einander Nazi zu sagen ist zurzeit in allen politischen Lagern en vogue.

Doktor Salbader zog im Streitgespräch mit Professor Bonti-Schraubleder zum Erstaunen des Publikums nicht einen Nazivergleich, sondern einen Luzifergleich.

Frau Kronmanns traditioneller Naziverleih in der Fischstrasse 4 hatte erst wegen seiner phonetischen Ähnlichkeit mit dem Modewort «Nazivergleich» einen schlechten Ruf bekommen.

Professor Sitzberg schlägt vor, den belasteten Nazivergleich durch den netteren «Sozivergleich» zu ersetzen. Dieser wurde noch kaum herbeigezogen, wie Google aufzeigt: *Nazivergleich*: 26'100 Treffer *Sozivergleich*: 4 Treffer.

20. Februar 2014

Das Ausland muss abgeschafft werden

Ruedi Widmer über die Ursache allen Übels

Der bei 50,3 Prozent der Schweizer Stimmbürgerinnen und -bürger diagnostizierte Dichtestress hat viel mit Wohlstand zu tun. Die Geschwindigkeit des Lebens hat sich an das Internet angepasst. Unsere Gewöhnung an schnelle Ladezeiten und sofortige Downloads alles Gewünschten führt zur Ungeduld miteinander. Die anderen Leute stehen doch eigentlich nur im Weg, auf dem eigenen Kurs zu seinem eigenen Schnäppchen. Egal ob Schweizer oder Ausländer, es nerven alle. Diese persönlichen Probleme von Pendlern und Konsumenten politisch zu instrumentalisieren, ist das Verdienst von Christoph Blocher und seinem motivierten Team (danke, gäll). Vergessen Sie nie: Eine Schweiz, die nicht ihm gehorcht, darf keine Schweiz sein.

Doch das eigentliche Problem der Schweiz ist nicht die Einwanderung von Ausländern, die schliesslich nichts dafür können, solche sein zu müssen. Die Ursache allen Übels, das uns Bauchweh bereitet, ist das Ausland an sich. Schon im Dezember 2007, also Jahre vor der Personenfreizügigkeit zwischen der Schweiz und der EU, wurde vom linksnationalistischen Blatt *Der Schweizer* aus dem Verlagshaus WOZ die Volksinitiative für die Abschaffung des Auslands («Auslandsinitiative») lanciert. Es war ein Leichtes, die nötigen Unterschriften zusammenzubringen, und die Abstimmung wird im Verlauf des Jahres 2015 stattfinden. Unterschriftensammelnde postierten sich beispielsweise in Zürich nach der Landung von Charterflügen aus Mittelmeer-Feriendestinationen an der Ankunft des Flughafens. Die dem Flug entstiegenen enttäuschten Passagiere beklagten sich über Sonnenbrand, Magen-Darm-Beschwerden, lausige Hotels und mieses Essen, Abzockerei durch Taxifahrer, verdreckte Strände und unterschrieben sofort. Sie haben erkannt: Das Ausland ist der Grund praktisch aller für einen durchschnittlichen Schweizer existierenden Probleme. Die quengelnden chinesischen Kinder auf dem Flug von Schanghai nach Zürich (CHN)? Die dauernden immer gleichen Kriege in Syrien oder dem Irak (IRQ)? Die Panne mit dem BMW (D)? Der schlechte Akku im Handy (VN)? Die teils schlechten Leistungen der Schweizer in Sotchi (RUS)? Die mürrische Receptionistin im Hotel Gloria in Stockholm (SWE)? Das H&M-T-Shirt, das nach zweimal Waschen auseinanderflog (SWE)? Wer kritisch denkt und nicht blind durchs Leben schreitet, wie das leider viele Linke und Gutmenschen tun, bei dem schrillen die Alarmglocken. Alle diese Probleme haben eines gemeinsam: Ihr Ursprung liegt im Ausland. Auch die Ausländer leiden am Ausland, sonst würden sie ja nicht zu uns kommen.

Immer mehr Ausländer entdecken, dass es ihr Leben verbessert, wenn Missionare aus der Schweiz kommen und ihre Swissness verstreuen: Die SVP-Politiker Roger Köppel und Christoph Mörgeli bringen via ARD-Predigt jene Wärme nach Deutschland, die früher Emil dorthin brachte und damit das deutsche Wirtschaftswunder erst befeuerte. Die Deutschen lieben diese Schweizer, weil sie inländische Substanz und sinnstiftenden Einfluss haben.

Ich bin überzeugt, dass 80 Prozent der Menschen in der EU das Ausland auch am liebsten abschaffen würden.

Mit einem mutigen Ja zur Volksinitiative «Abschaffung des Auslands» können Sie einen wichtigen Beitrag zum Frieden von Christoph und Silvia Blocher(-Kaiser) leisten.

Nach Kaffee gibt's nun auch Tee in der Kapsel

Es folgen in loser Reihenfolge bis 2015:

Fondue in der Kapsel | Croissant in der Kapsel | Reiskörner in Kapseln

Teefreunde allerdings meinen, der Tee im Beutelchen sei besser als der in der Kapsel.

Wären die Astronauten der amerikanischen bemannten Raumfahrt statt in Raumkapseln nicht auch lieber in Raumbeutelchen ins All gereist?

Widmer

27. September 2007

Der Freisetzer

*Ruedi Widmer über einen
Selfmademann*

«Hier drin sind rote Ameisen», sagt Heinz Benasotti und zieht eine lange Schublade aus einem drei Meter hohen Metallschrank. «Da steckt der Treibstoff meines Lebens drin.»
Dieses Leben begann vor zwölf Jahren, in Rheineck (SG), im Dorfpub Trafalgar. Da war Heinz Benasotti, damals Verkäufer im Coop, oft. Das Pub war bekannt dafür, dass die apathische Wirtin seit dreissig Jahren nichts erneuert hatte. Entsprechend gelangweilt sassen abgestumpfte Altrocker auf den Hockern. «Da muss mal etwas gehen», dachte Benasotti. Und ihm kam die Idee, ein Waldameisenvolk in einem Tupperwaregefäss ins Pub zu tragen. Als er unbeobachtet war, schüttete er den Inhalt unter eine Eckbank. Im Halbdunkel des verrauchten Raums fiel das Gekrabbel noch nicht auf. Heinz bezahlte sein Bier und verliess das Pub. Er kam sich vor wie ein Terrorist.

Von einem Freund hörte er am nächsten Tag, wie sich die Wirtin vor den Ameisen in Sicherheit bringen musste. Sie sei über die Tische gehüpft, habe geflucht und wild herumgefuchtelt. Die Tierchen hätten sich in allen Räumen ausgebreitet. Schliesslich nahm sie den Staubsauger. Sie brauchte drei Stunden.
Doch der Vorfall wurde zum Gesprächsthema im Tal, und neugierige Leute strömten ins Trafalgar. Sie blieben, tranken und begannen, «Ameisen, Ameisen!» zu skandieren. Es hatte noch nie so viele Gäste im Pub. «Ich war vielleicht etwas eitel», sagt Benasotti, «aber ich war ja für den Erfolg des Pubs verantwortlich.» Deswegen sprach er eines Abends die Wirtin auf die Ameisengeschichte an. Er bekannte sich als Schöpfer der Aktion. Es vergingen peinliche Minuten. «Und dann kam sie mit der Idee. Ich solle es wieder tun.»
Zwischen 1995 und 1998 war Heinz Benasotti Freisetzer im Pub. Er hatte den gleichen Status wie der DJ und die Barkeeper. Das Trafalgar wurde Kult. «Immer eine Stunde vor Schluss, um ein Uhr, liess ich die Ameisen frei.» Die Gäste liessen sich bekrabbeln, legten sich auf den Boden, zogen sich gar aus. Das wurde zur Mutprobe.
Heute beauftragen Weltkonzerne wie General Motors, Dolce & Gabbana oder Emirates Airline Heinz Benasotti für Freisetzungen an ihren Anlässen. Bei der Vorstellung eines Cadillac-Modells an der Dubai International Motor Show setzte Benasotti gegen 10 000 Stechmücken frei. Das Eventpublikum war begeistert. Die Stiche konnten an der Bar verarztet werden, dazu gab es trendige Gratisdrinks. «Es ist alles anders geworden. Klar, ich geniesse die Shows, aber manchmal macht es mich etwas traurig, dass sich niemand mehr ekelt.» Das Subversive sei verschwunden, es sei so normal geworden. Da gab es eine umjubelte Freisetzung von 500 Blindschleichen in einem Passagierflugzeug, und die Leute hatten nicht mal Angst vor einem Absturz. Natür-

lich gebe es immer noch gute Szenen: Eine Freisetzung von Kellerasseln bei der Eröffnung eines Multiplexkinos wurde zum Fiasko, da die Tiere die Sprinkleranlagen auslösten. Die Freisetzung von Holzwürmern bei der Eröffnung eines Klavierhauses in Biel wiederum führte zu massiven Schäden an den Instrumenten. «Da war ich aber nicht selber schuld. Der Inhaber wollte eine Freisetzungsshow und wünschte sich Holzwürmer. Seine Klaviere seien aus Holz, und der Holzwurm passe da ‹vom Thema her› ausgezeichnet.» Heinz Benasotti schliesst die Ameisenschublade wieder und öffnet eine mit Heerscharen kleiner Spinnen. Er müsse die heute noch an einer Party freisetzen.

Die letzten Geheimnisse einer rationalen Welt von Ruedi Widmer

Nr. 864 / Päcklisterben

Die Population der Päckli nimmt gegen Mitte Dezember jeweils rasant zu. Ihre Zahl geht in die Abermillionen.

Im letzten Monatsviertel spielt sich jedes Jahr das gleiche Drama ab. Restlos alle Päckli werden von Menschenhand umgebracht.

Besonders rücksichtslos gehen Kinder zu Werke. In geradezu fanatischem Eifer ziehen sie den Päckli die Haut ab. Ihre Augen funkeln vor Freude. Auch ihre Eltern sind nicht besser. Der Mord wird als Akt der Verzückung zelebriert.

Doch warum lassen sich die Päckli überhaupt darauf ein? Warum versammeln sie sich auf der ganzen Welt um den 24. und 25. Dezember gut sichtbar unter einem Baum, glitzern und strahlen um die Wette und werfen sich ihren Peinigern zum Frass vor?

Davor versteckten sie sich in Schränken, Kommoden, Kellern, Taschen und führten ein relativ sicheres Leben im Schutz der Dunkelheit. Ein erheblicher Teil der Päckli kommt gar erst wenige Stunden vor dem Massaker auf die Welt.

Die Wissenschaft ist bis heute ratlos über das lemmingartige Verhalten dieser Spezies.

Die letzten Geheimnisse einer rationalen Welt von Ruedi Widmer

Nr. 735 / Pflanzenfreundlich essen

Der Blick berichtete letzte Woche, die Wissenschaft habe definitiv nachgewiesen, dass Pflanzen Gefühle hätten.

Das bringt das Konzept des Veganismus ins Wanken. Tierfreundlich essen ist nicht mehr unschuldig.

Wer pflanzenfreundlich speisen möchte, muss zwangsläufig Koteletten mit Leberwurst essen, dazu Pouletbrust. Alles ungewürzt.

Hundertprozentig pflanzenfreundlich ist natürlich nur hundert Prozent mit Tiermehl gefüttertes Schlachtvieh.

Als Gemüseersatz kann Froschschenkel gereicht werden. Der Frosch (und besonders die Kröte) hat etwas gurkenartiges, ist aber vollständig aus Fleisch.

Doch nur Frösche aus kontrollierter pflanzenfreier Produktion kommen in Frage; frei lebende könnten Pflanzenteile verspeist haben.

So erweist sich letztlich die Menschenfresserei als moralisch noch am einwandfreiesten.

2. Oktober 2014

In Stoff eingemauert

Ruedi Widmer fährt betrunken durch die zweite Gotthardröhre

Es gibt einen Witz, in dem ein Betrunkener sich um eine Litfasssäule tastet und nach erfolgter Umrundung ruft: «Hilfe, ich bin eingemauert!»

«Innen» und «aussen» sind seit jeher die grossen Schweizer Themen. «Schwarz» und «weiss» auch.

Ich habe mir das Youtube-Video aus der IS-Hauptstadt Rakka angesehen, den eine Syrerin unter ihrer Burka hervor gedreht hat. Darin wird sie von der Religionspolizei aus dem Religionspolizeiauto heraus gerügt, weil man angeblich ihr Gesicht sehe.

Die Schweiz gilt als burkafeindlich, doch das Prinzip des sackartigen Kleidungsstücks ist ihr wohlvertraut, es ist sogar ihr Lebenselixier. Was man nicht sehen darf, verschwindet hinter einem Vorhang des Schweigens. Im Schutz der Dunkelheit läuft unsere Wirtschaftspolitik. Die Ammann-Baumaschinenfirma hat verdeckt Millionen von Steuern nicht bezahlt, die ihr das kantonale Steueramt Bern auch nicht verrechnet hat. Die beiden stecken zusammen unter einer Steuerburka.

Was uns an den Burkafrauen nicht passt: Hier wird auffallend gezeigt, dass etwas nicht gezeigt wird. Die ideale Schweizer Burka hingegen muss den Blick auf das Geschehen unter ihr verdecken und darf zugleich selber nicht sichtbar sein. Das schaffen nur wir. Darin sind wir WeltmeisterInnen. Die Schweiz ist völlig verburkt. Das Eindringen der Mafia in die Schweiz gelingt auch deshalb nicht recht, weil schon alles so mafiös und mafiesk ist, dass es kaum noch was zu mäffeln gibt. Die Mafia scheitert an den Kartellen der Schweiz. Ein freier Mafiamarkt ist unter der Alpenburka nicht möglich. Das ist Sache der Einheimischen.

Das Parlament spricht sich für eine zweite Gotthardröhre aus. Bei der Vergesslichkeit, die heute in politischen Belangen herrscht, ist es nicht erstaunlich, dass nicht von der vierten Röhre gesprochen wird. Denn am Gotthard gibt es heute schon drei Tunnels.

Den europäischen Transitverkehr soll man nicht sehen, weil es ihn offiziell gar nicht geben darf. Das Volk hat schliesslich eine Schweiz bestellt, die frei von äusseren Einflüssen ist. Frei, wie die Schweiz es war, bevor AusländerInnen kamen. Also in der guten alten Zeit der Vulkane, Riesenfarne und Dinosaurier.

In diese Zeit fällt die Entstehung der grössten Burka der Schweiz. Sie erstreckt sich vom Kanton Waadt bis ans östlichste Ende des Kantons Graubünden. Damit man nicht merkt, dass es sich um eine Burka handelt, hat sie Allah aus Stein gemeisselt, statt aus Stoff genäht. Sie verschleiert sämtliche Bunkeranlagen der Schweizer Armee und schützt sie vor fremden Blicken. Und eben auch unsere Tunnels, die wir vor allem (pst, nicht weitersagen) für die EU bauen.

Wenn man in Airolo in die Gotthardburka hineinfährt, wird es dunkel (das gilt auch für die Furkaburka). Nach einer Weile sieht man einen Lichtschimmer. Das ist der Sichtschlitz in Göschenen. Doch ehe man wieder im Hellen ist, wird man von einem Religionspolizeiauto verfolgt und sofort wieder in den Tunnel zurückgeschickt. Und weil wir in der Schweiz Gleichberechtigung haben, nicht nur die Autofahrerin, sondern auch der Autofahrer.

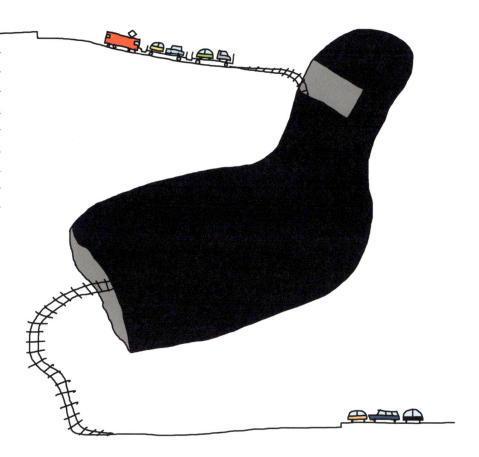

Autoverlad durch die Burka

widmer

6. August 2015

Das iPod-Problem

Ruedi Widmer über die rauchenden Schlote der Sozialindustrie

Man hört und liest derzeit oft, dass wir den Falschen helfen würden; dass diejenigen Flüchtlinge, die uns erreichen, eigentlich Vermögende seien, die sich die Überfahrt ohne Probleme leisten können und bald vom ausufernden schweizerischen Sozialstaat (dessen Ufer inzwischen bis fast nach Afrika hinüberreichen, sodass das Paradies bald per Landweg erreichbar ist) eine Villa in Wollerau bezahlt bekämen.

Wir seien ja keine Rassisten, und echte Flüchtlinge in Not würden wir jederzeit aufnehmen. Also sind diejenigen, die zu uns kommen, eben allesamt keine echten Flüchtlinge.

Echte Flüchtlinge können demzufolge gar nicht flüchten, weil sie kein Geld haben. Sie beherrschen das Flüchten nicht. Warum heissen sie dann Flüchtlinge?

Die rauchenden Schlote der Schweizer Sozialindustrie sind nach Meinung der neuerdings auch in Hauptbahnhöfen herumirrenden Bauern, Abschreibejournalisten und Demonstrativlandeier der SVP bis an den Äquator sichtbar. Die EU hingegen nehme keinen einzigen Flüchtling mehr auf. Solche Meinungen prägen die Tiefen von Social Media.

Der böse profitorientierte Wirtschaftsflüchtling kann schon zum echten Flüchtling in Not werden, aber dann muss er sich unserer Vorstellung davon anpassen.

Wir wollen den Flüchtling nämlich auch hier leiden sehen. Er darf kein Geld haben. Er muss das ältestmögliche Handy besitzen. Er muss schwitzend einen Natel-C-Koffer mit sich herumschleppen. Nur so verdient er sich das Erbarmen der CVP-Wahlkampfstrategen. Wenn er uns auf Knien fragt, ob er bitte mal unser Handy benutzen dürfe, das Natel-C-Netz funktioniere nämlich nicht mehr. Und wir es ihm dann nicht geben, auf keinen Fall, weil er es dann ja stiehlt.

Kein Wunder, besorgt sich ein Flüchtling ein Handy, um sein Leben organisieren zu können. Er braucht ja keine Wohnwand, keinen SUV und keine Zweitwohnung. Und wenn schon die unterbelichtetsten Einheimischen ein Smartphone haben, um Social Media mit Hundefotos und mit ihren Sorgen wegen der Flüchtlinge zuzumüllen, dann sollte ein Flüchtling doch schon auch ein solches zur Grundversorgung gehörendes Gerät erwerben dürfen.

Die Schweiz hat weniger ein Flüchtlingsproblem als vielmehr das Verteilungskuchenproblem einer postkapitalistischen Ellbogengesellschaft mit Steuersenkerei für die Vermögenden bei stagnierender Wirtschaftsentwicklung und der Umwandlung von (bösen sozialistischen) GAV-versicherten Arbeitsplätzen in Prekärjobs.

Winterthur, Stadtgarten, Juli 2015. Drei jüngere Randständige auf einem Bänkli. Bierdosen. Auf der Bank daneben nimmt einer, dunkelhäutig, afrikanisches Käppi, Platz, kramt einen iPod aus der Tasche und hört Musik. Der ganz rechts, muskulös, tätowiert, Kurzhaarschnitt, laute, versoffene Stimme, sieht das, und dann ist Schluss mit der humanitären Tradition: «iPod? Du hast einen iPod?» Der Dunkelhäutige sagt: «Wo ist das Problem? Ich habe mir den gekauft, mit meinem Geld.» Der Rechte: «Mit deinem Geld? Dein Geld ist mein Geld! Wir zahlen Steuern, damit du einen iPod kaufen kannst? Ich bezahle das, mit meinen Steuern! Das geht nicht! Hau ab, woher du gekommen bist. Verschwinde!» Fäuste fuchteln. Die anderen zwei, mässig rasserein, aber mit Camouflage-Hosen, stimmen in den rassistischen Klagechor ein und fluchen über «faule Asylanten», die Ausländer, die Linken und so fort. Unter lautem Gebrüll jagen sie den Dunkelhäutigen davon und schaffen eine iPod-freie Zone. Dann gehen die im Herbst SVP Wählenden und kaufen mit ihrem Sozialgeld im Denner noch mehr Bierdosen. Mit meinen Steuern.

Die iPod-Besitzenden gegen die Nicht-iPod-Besitzenden, das sind die Probleme, die «das Volk» beschäftigen. Ein Vorbote darauf, wenn es dann mal wirklich schlimm wird. Wenn der eine aus einem Fläschchen Wasser trinkt und der andere es ihm aus der Hand reisst.

Die letzten Geheimnisse einer rationalen Welt

Nr. 666 / Nature 2.0   von Ruedi Widmer

Alle paar Monate erscheinen Updates von Computerprogrammen oder Apps auf dem Markt. Die Erneuerung des wichtigsten Programms hingegen, nämlich der Natur, verläuft für uns ungeduldige User viel zu langsam. Deshalb ist die neue Version der Natur («Nature 2.0»), die im April erscheint, einhellig zu begrüssen. Wir stellen hier einige coole neue Tools vor:

Nature 2.0: Die wichtigsten Neuerungen auf einen Blick:

Regenbogen verbessert: Farbverlauf dank neuer Technologie fliessend, und direkt von rot nach violett, ohne den unnötigen Umweg über orange, gelb, grün, blau. Regenbogen funktionieren neu auch ohne Regen.

Schnee jetzt auch in rot, blau, gelb, grün, Schachbrettmuster und Leopardenmuster.

Knif — Rapf — Klapptreter — Pfeifmunz

Mehr als tausend neue Tierarten.

Zwischen Donnerstag und Freitag ist ein neuer Tag eingefügt worden, der Klamtag.

Piep, Piiiep, Pieep! Piep, Piiiep, Pieep! Piep, Piiiep, Pieep!

Ich will mich vermehren! Ich will mich vermehren! Ich will mich vermehren

Das Vogelgezwitscher wird neu untertitelt.

Dem Mond ist eine Möndin zur Seite gestellt worden.

15. September 2016

Planetenweggeschichten

*Ruedi Widmer über
die Schweiz der Wege*

Wer auf den schönen Juraberg Weissenstein ob Solothurn steigt, wird eines Planetenwegs gewahr, wie man ihn auch von anderen publikumswirksamen Anhöhen kennt, wie beispielsweise vom Uetliberg oder von der Lägern bei Regensberg. Es gibt noch ein Dutzend weitere.

Die meisten von ihnen sind im Massstab 1:1 Milliarde gehalten, und dementsprechend beträgt die Strecke von der Sonne (einer gelben, ungefähr gymnastikballgrossen Kugel) bis zum Pluto (einem winzigen Kügeli) 5,9 Kilometer.

Einen besonderen Reiz auf dem Weissenstein bildet eine Abzweigung zwischen dem Mars und dem Jupiter, an der man laut Wegweiser entweder den Planetenweg weitergehen oder aber einen «Hammerweg» nehmen kann. Hammerwege sind meist etwa 3,9 Kilometer lang und im Gegensatz zu den Planetenwegen im Massstab 1:1 gehalten. Am Anfang steht der Vorschlaghammer. Er ist das Zentrum des Hammersystems. Um ihn herum kreisen der Schlosserhammer, der Schreinerhammer, der Schieferhammer, der wunderbare Apfelsinenkistenhammer, der Hufhammer, der Klauenhammer, der Auktionshammer, der Richterhammer. Der kleinste Hammer, der sogenannte Perkussionshammer, mit dem einem der Arzt aufs Knie klopft, befindet sich am äussersten Ende des Hammersystems.

Für eher völkische WanderInnen gibt es den SVP-Weg, der vom Wängibühl in Herrliberg bis zum Bundi führt. Im Zentrum steht der Blocher, das Sünneli, eine Kugel mit 29,4 Meter Durchmesser. Bereits beim Chleeweidweg sehen wir (nur noch so gross wie eine Faust) den Köppel, der noch zum inneren Zirkel gehört. Ein ganzer Ring aus Schutt, der Politikergürtel, trennt dann das innere System vom äusseren. Die grössten dieser Brocken tragen Namen wie Amstutz, Brunner, Martullo, Vogt, Mörgeli, Rösti, die meisten haben aber Nummern. Eine Tafel darüber steht auf der Höhe Guugen. Es folgen weitere Satelliten des Blochersystems, wie der Pfister (bei der Rossweid) oder der inzwischen erloschene Darbellay (beim Hübschacher), der seit wenigen Tagen von einem weiteren Kind umkreist wird. Der Darbellay ist schon von weitem erkennbar an seinem grossen Ehering. Der Weg führt weiter zur Gössi (beim Bühl) und endet beim Somm (im Kohlhopper) mit seiner verkraterten Medienlandschaft.

Auch viele Zahlenwege finden sich in der Schweiz. Der Zahlenweg an der Stadthausstrasse in Winterthur ist besonders hübsch, weil er nur ganz spezielle Zahlen präsentiert. Er beginnt beim Haus Zum Warteck, an dem die Zahl 41 steht. Die Zahlen sind gut sichtbar auf blauen Täfelchen oberhalb oder neben den Hauseingängen angebracht. Eine ganze Reihe bemerkenswerter Zahlen wie 77, 113 oder 115 kann man so bewundern und über die Entfernungen zwischen ihnen staunen. Der Zahlenweg endet bei der Zahl 143. Sie ist am Gebäude des Restaurants Boulevard angebracht, in das der Wanderer nach der anstrengenden und erlebnisreichen Zahlentour zur Einkehr geladen ist.

Findige Köpfe haben irgendwann begonnen, zwischen den Zahlentäfelchen Arztpraxen und Anwaltsbüros einzurichten, weil auf dem Zahlenweg Pilgernde oft vor Erschöpfung zusammenbrachen. Später kamen auch Geschäfte dazu, die sich die Geldbörsen der Zahlenweggehenden zunutze machten (wer sich für Zahlen interessiert, interessiert sich meist auch für Geld und hat ein gewisses Vermögen). Traité-Spirituosen und -Weine, Beltone-Hörberatungen, Rahme-Lade, Metzgerei Gubler, um nur die bekanntesten zu nennen.

In praktisch jedem grösseren Ort laden Automarkenwege mit verschiedenen parkierten Autos wissenschaftlich interessierte Wandernde ein. Es gibt sogar Menschenwege, auf denen einem (wie von Zauberhand von alleine gehende) Menschen entgegenkommen. Entdecken Sie die Schweiz der Wege!

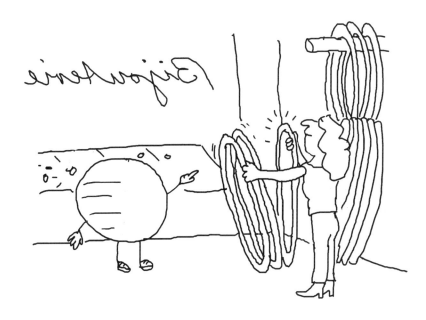

Saturn kauft sich einen neuen Ring.

Die letzten Geheimnisse einer rationalen Welt von Ruedi Widmer

Nr. 829 / Der Steingarten

Wer ein Einfamilienhaus-Neubauquartier durchstreift und zwischendurch den Blick vom Smartphone abwendet, stellt fest: Die Gartenbauszene hat ihren neuen Liebling, den Steingarten.

Herr Sürfers fürchtete sich immer mehr in seinem Garten. Das Gras wuchs spöttisch in die Luft, und die Blumen machten, was sie wollten. Eine Menge Tiere und Jahreszeiten (Bienen, Vögel, Herbst) brachten Unordnung in seine Vorstellung eines Gartens. Doch das ist Vergangenheit.

Herr Sürfers Neigung zum Kontrollwahn liess ihn schliesslich zum Steingartenbesitzer konvertieren. Der Stein gehorcht dem Steingartenbesitzer wie ein gut erzogener Hund. Er sitzt brav. Und er wächst nicht, er verdorrt nicht, er zerlöchert den Boden nicht mit Wurzeln.

Als er noch einen hemmungslos herumwuchernden Pflanzengarten besass, kam Herr Sürfers kaum noch hinterher mit Rasenmähen. Kaum wandte er den Blick ab, begann die Wachserei von neuem.

Heute nutzt er die gewonnene Zeit für astronautische Erkundungen in seiner herrlichen Mondlandschaft ums Haus.

7. NOVEMBER 2013

Aufräumen als Kunst

Ruedi Widmer löst das Endlagerproblem

Mühleberg wird 2019 stillgelegt. Das ist so erfreulich wie frustrierend. Denn bis dahin sind es noch sechs Jahre, und der Betreiber BKW wird auf teure Investitionen in die Sicherheit des AKWs verzichten. Aber sechs Jahre sind nichts. Denn 2019 beginnt das eigentliche Atomzeitalter. Der Spass ist vorbei, und die Verantwortlichen beziehungsweise die nicht dafür Verantwortlichen müssen sich mit der Hinterlassenschaft von vierzig Jahren Spass und Günstigstrom auseinandersetzen. Aufräumen ist ohnehin das Thema der Zukunft. Kinder sollten statt in Mathe oder Deutsch in Aufräumen unterrichtet werden, um sich ideal auf die zukünftige Berufswelt vorbereiten zu können.
Die GewinnerInnen des Atomzeitalters decken sich lieber mit teuren Autos, Schmuck und Kunst ein. Aufräumen ist dem Staat und dem Steuerzahler

überlassen. Wie aber können wir uns vor den horrenden Kosten schützen, die das Atomzeitalter verursachen wird? Aufräumen muss als Kunst definiert werden. Die Endlagerung radioaktiven Mülls gehört in die Hände eines Künstlers, am besten in jene von Damien Hirst, der das Endlager mit seinen diamantbesetzten Totenschädeln schmückt. Russische Oligarchen auf der Suche nach der Endlagerung ihrer Millionen stürzen sich begeistert auf Hirsts Kunst und kaufen das gesamte Endlager. Vielleicht wollen sie das Kunstwerk sogar bei sich haben. Das wäre ein Glücksfall für die Schweiz. So gelangt unser Atommüll nach Moskau in Neureichenvillen, und wir haben nichts mehr zu tun damit.

Auch Street-Art-Hero Banksy könnte sich des Mülls annehmen, ihn ansprayen und ebenfalls für Millionen an die Bewohner der Upper East Side verkaufen. Verstrahlung durch Kunst ist im Vergleich zur Verstrahlung durch Fukushima sexy. Der Strahlentod kommt ohnehin später als der nächste Börsencrash.

WissenschaftlerInnen haben sich Gedanken gemacht, wie ein Atomendlager markiert sein muss, damit in den nächsten 24 000 Jahren keine Menschen oder Dinosaurier hineingehen und sich gefährden oder damit Missbrauch betreiben. Ein Weg ist die Bewachung, die über Generationen hinweg grosse Begeisterung auslösen würde. Ein zweiter ist das definitive Schliessen und Vergessen des Lagers. Künftige ahnungslose Baggerfahrer dürften daran Freude haben. Ein dritter ist die Gründung eines Geheimordens, der der Stätte quasireligiöse Bedeutung gibt. Religiöse Furcht ist länger vermittelbar als die wissenschaftliche Warnung vor radioaktiven Stoffen.

Wer im TV «Die Schweizer» anschaut, sieht, wie schwierig es ist, etwas bleibend endzulagern. Die endgelagerten Herrschaften Stauffacher oder Escher werden überhöht und verkitscht, von der einen Generation ausgegraben, von der nächsten wieder zugeschüttet, aber sie kommen immer wieder in neuer Mutation zum Vorschein.

Auch die Endlagerung von Nationaltrainer Ottmar Hitzfeld nächsten Sommer gestaltet sich schwierig. Noch ist die Schweiz nicht bereit, ihn stillzulegen. Die Laufzeit sollte verlängert werden, zumal der österreichische Meiler Marcel Koller keinen Strom in die Schweiz liefern will. Doch haben Natitrainer nur einen Bruchteil der Halbwertszeit von Plutonium: Die erfolgreich endgelagerten Daniel Jeandupeux und Paul Wolfisberg strahlen schon seit Jahren nicht mehr und dürften auch in der siebten Staffel von «Die Schweizer» nicht vorkommen.

Schade, ist Mühleberg kein Natitrainer der Achtzigerjahre.

17. April 2014

Die äthiopische Volksinitiative

Ruedi Widmer will der nordost-afrikanische Thomas Minder werden

Ostern, das Fest der Liebe und der Triebe, der Fruchtbarkeit und Vermehrung, wird schweizweit gefeiert. Wie lange noch?
Der Fortpflanzungstrieb ist nämlich seit einigen Monaten höchst umstritten. Es gilt als unstatthaft, Nachwuchs auf die Welt zu stellen, vorausgesetzt, man ist nicht SchweizerIn oder evangelikal auffällig. Schuld an der weltweiten Umweltzerstörung sei der Nachwuchs. Das sagt der Auswuchs. Der wohlgenährte dunkelgrüne in der Schweiz, der mithilfe von Excel-Tabellen genau nachweisen kann, wer schuld ist an der sogenannten Überbevölkerung der Erde.
Massenüberbevölkerung mit Huckedichtestress werden wir bekommen, wenn wir die Ecopop-Initiative nicht annehmen. Diese Initiative macht aber nicht einfach die Schweizer Grenzen

dicht wie diejenige der SVP, sondern die Frauen, vorab in der Dritten Welt. Da soll nichts mehr herauskommen, was in Egerkingen oder Flaach später für Probleme sorgt. Deshalb soll die Schweiz einen bemerkenswerten Teil ihrer Ausgaben für die Empfängnisverhütung in der Dritten Welt hergeben. Die Einkindfamilie in Afrika, das ist der Traum der neuen UmweltschützerInnen.

Was noch nicht auf der Welt ist, muss nicht geschützt werden. Die Ökoradikalen überholen damit die Linke, die aus Papsttrotz stets eine liberale vorgeburtliche Haltung einnahm, noch viel weiter links, sodass sie voll auf die rechte Spur gelangen. Nie aber würden die rationalen EcopopperInnen, deren Bewegung auf dem 1972er-Bericht des Club of Rome basiert, etwas mit den vorembryonalen Menschenschützern der evangelikalen Rechten zu tun haben wollen. Doch sie sind trotzdem im braunen und kolonialistischen Morast gelandet.

Wird die Initiative angenommen, wird das Schweizer Volk direktdemokratisch zum Beispiel Äthiopien vorschreiben, wie viele Kinder die dortigen BürgerInnen noch haben dürfen. Nochmals: Nicht die UNO, die UNICEF oder so etwas in der Art wird das sagen; auch nicht die USA, die solche Dinge mit Handelsembargos oder militärisch durchzusetzen imstande sind. Sondern die Schweiz. Welcher Bundesrat wird den Schweizer Volkswillen durchsetzen müssen in Addis Abeba? Vielleicht Adrian Amstutz?

Die Ecopop-Initiative muss also nicht in der Schweiz bekämpft werden, sondern in Addis Abeba. Ich habe bereits mit Politikern über meine Idee gesprochen, inwiefern äthiopische Politiker mit Unterstützung von Schweizer BürgerInnen oder einer Schweizer Partei verfassungskonform eine äthiopische Volksinitiative lancieren könnten, die in der Forderung gipfelt, das äthiopische Volk soll darüber befinden können, ob die SchweizerInnen noch so viel essen dürfen, wie sie es zurzeit tun.

Bei einer Annahme dieser äthiopischen Initiative müssten hierzulande neunzig Prozent der Lebensmittelläden und Gastronomiebetriebe schliessen. Würste, Koteletts, Torten würden verboten. Da wir direktdemokratisch geschult sind und Volksentscheide grossmehrheitlich akzeptieren, werden wir nicht murren, den äthiopischen Volkswillen in der Schweiz umsetzen und eine Diät biblischen Ausmasses in Angriff nehmen. Das würde ganz problemlos verlaufen, ähnlich wie die Umsetzung der Ecopop-Forderungen in Afrika.

Die Zeit für die Unterschriftensammlung ist äusserst knapp, besonders weil in Äthiopien achtzig verschiedene Sprachen gesprochen werden.

16. April 2015

«Votey» wird die Welt verändern

*Ruedi Widmer erwägt,
ins Silicon Valley zu gehen*

Die Welt wird grad umfassend verändert, liess mich kürzlich der *Spiegel* wissen. Und zwar von den USA aus; nicht von Washington, sondern vom Silicon Valley. Facebook, Google, Apple oder Twitter sind die wahren Herrscher der Welt, nicht die Regierungen, nicht mal die Wall Street oder die Illuminaten. Der Fahrdienst Uber hebt das weltweite Taxigeschäft aus den Angeln, Airbnb macht die Hotels der Welt obsolet, das Google-Auto bald den öffentlichen Verkehr. Wir erleben einen radikalen Umbau der uns bekannten Welt, und es ist erst der Anfang.

In Silikon, einer typischen Zürcher Gemeinde, erreicht die SVP am Wochenende 47 Prozent der Wahlstimmen, die SP 12 Prozent. Aber die Wahlbeteiligung liegt bei nur 33 Prozent. Die hochgelobte direkte Demokratie der Schweiz liegt auf dem Sterbebett, und je mehr sie stirbt, desto hochgelobter wird sie.

Die NichtwählerInnen sind ein riesiger brachliegender Markt, geradezu ein Fressen für die veränderungsfreudigen AlgorithmikerInnen aus dem Silicon Valley. Weltweit sehnen sich Millionen von Menschen nach Mitbestimmung; der Traum vieler ist, in ihren Ländern ein der Schweiz ähnliches System zu etablieren.

Die demokratischen Staaten bieten bei allen Wahlen Millionen von Stimmen, die wie jene im zürcherischen Silikon ungenutzt verpuffen. Warum werden diese 67 ungenutzten Prozent nicht Leuten angeboten, die wählen wollen? Eine App oder ein Portal könnte dies weltweit koordinieren. Brasilianerinnen könnten Grüne in der Schweiz wählen oder Japaner die FDP. Die Schweizer Politik betrifft letztlich in irgendeiner Form das Leben der Angolaner oder Kolumbianerinnen. Chinesische TouristInnen sind am Wohlergehen der Schweiz interessiert. Warum sollen sie nicht darüber befinden können?

Ich bin kein Mathematiker, der diese Idee auf ihre Logik überprüfen könnte. Sie ist nur eine gefühlte Möglichkeit. Ich lebe schliesslich in Silikon und nicht im Silicon Valley. In diesem findet sich bestimmt ein gescheiter neunzehnjähriger Mensch, der daraus ein Geschäftsmodell formt, das mit Nichtstimmenhandel beginnt, innert weniger Jahre die ganze Politik umwälzt, bald Wahlen selber organisiert und den Gemeinden und Staaten die Kontrolle darüber entreisst. Nennen wir die Plattform mal «Votey».

Jeder kann sich für ein Amt aufstellen lassen, Parteien sterben innert Kürze aus. Das politische System wird komplett auf den Kopf gestellt. Natürlich spielt sich alles weiterhin tendenziell lokal ab, aber eben über Votey und nicht mehr über die Institutionen Gemeinde, Kanton oder Bund. Votey handelt illegal und kümmert sich nicht um geltende Gesetze. So wie Uber-Gründer Travis Kalanick. Kraft seiner Umwälzungsenergie ignoriert er sie einfach, und die Justiz vieler Länder schaut hilflos zu. Weil eigentlich alle wissen: Uber ist besser als das alte System, es wird gewinnen. Die Digitalisierung, wie sie das Silicon Valley spielerisch vorantreibt, führt zur Auflösung der Nationalstaaten. Votey könnte weltweit zur Umformung aller politischen Strukturen führen.

Ich finde meine Idee nicht unbedingt gut, weil ich unsicher bin, ob sie zu einem besseren oder schlechteren politischen Leben führt. Aber es gibt Leute, die meine Idee gut fänden, weil ihnen egal ist, wohin sie führt. Weil für sie die Idee das Wichtigste ist, dem sich alles unterordnet. Egal ob Larry Page oder Christoph Blocher. Silicon Valley klingt nicht umsonst wie Silikon.

17. September 2015

Es gibt keine Kreativität

Ruedi Widmer ist in der Musikvermessung führend

Ein Schiff ist 120 Meter lang und 24 Meter breit. Wie heisst der Kapitän?
Diese alte Scherzfrage bringt das ganze Dilemma auf den Punkt. Die Welt besteht nicht nur aus Zahlen.
Ganz wichtige Faktoren sind nicht mit dem Zahlensystem erfassbar und gehen deswegen oft vergessen, sodass Technokraten wiederum Berater einsetzen, die sie dauernd auf das Problem aufmerksam machen müssen. Diese Berater kosten enorm viel und sind ideal in Zeiten guten Geschäftsgangs oder voller Staatskassen, weil man mit ihnen lange Seminare machen kann, oder auch Apéros. Doch wenn es hart auf hart kommt, setzen sich die Technokraten durch und sparen die Berater wieder weg.
Den in letzter Zeit in den Medien leider kritisierten Messwahn gibt es deshalb, weil wir Zahlenakrobatiker sicher sind, irgendwann wirklich alles entschlüsseln zu können, auch von den Ökonomen «weiche Faktoren» genannte Werte wie Melancholie, Freude, Angst, Sehnsucht, Trauer, die wir heute noch zur Welt der Gefühle und der Irrationalität zählen.
Im Bereich der Musikvermessung sind wir, auch dank meiner Arbeit, schon relativ weit ins Dunkel der Irrationalität vorgestossen und haben bemerkt, wie rational doch manches wird, wenn man sich irrational damit beschäftigt. Ich will Ihnen das anhand eines Beispiels erläutern:
Das Musikstück «London Calling» von The Clash ist 3 Minuten und 46 Sekunden lang. Die Geschwindigkeit beträgt 136 bpm (beats per minute). Die Distanz vom tiefsten zum höchsten Ton beträgt 2,7 Meter. Die Tiefe beträgt 2,6 Meter. Das Stück ist also beinahe quadratisch, wenn man es von der Seite betrachtet. Die emotionale Empfindung (ee) beim Hören beträgt bei den ersten Takten 23,4, steigert sich beim Einsatz des Sängers auf 44,2 ee. 0,4 Sekunden später erfolgt eine geschlechtsübergreifende Hormonausschüttung von 4,6 Milligramm. Bei der hohen Stelle, wenn der Sänger singt: «... and I live by the river», beträgt die ee gute 6,1. Der Wert ist okay, kommt aber nie an die Eröffnungssequenz von «The Final Countdown» von Europe heran, bei der die Empfindung auf unglaubliche 16,1 steigt, selbst bei Personen, die diese Melodie nicht mögen. Denn das Nichtmögen ist ein zweiter, der ee zuwiderlaufender Faktor, ein individueller Messwert, den man in der Musikspektralvermessung Dämpffaktor (df) nennt. Wenn Sie also etwas nicht mehr hören können, erhöht sich nur der individuelle Dämpffaktor; der ee-Wert ist bei allen Menschen der gleiche.
Kommen wir zurück zu «London Calling»: Der Bass setzt aus, der Sänger schreit «ohoho», das Schlagzeug spielt mehrere Wirbel. Dann setzt der Groove wieder ein. Jetzt empfindet das menschliche Gehirn eine kurzzeitige ee von 6,4. Die Tiefe erreicht 3,5 Meter.

Der Text geht nun zum Finale: «The ice age is coming».

Jetzt macht der Intellekt «aha», und hält den ee-Wert konstant auf 4,9 bis zum Schluss. Durch den gedanklichen Abschluss bildet das Stück nun zunehmend eine Ausbuchtung und sieht von der Seite wie ein U aus.

Geht die Musiktiefe über 6 Meter hinaus, was bei vielen als traurig empfundenen Musikstücken möglich ist, wird es in kleineren Wohnungen oft eng, und die Musik ragt auf die Strasse hinaus. Diese Überdehnung kann sogar den Funkverkehr, beispielsweise im Flugwesen, stören. In der Nähe von Flughäfen ist es deshalb ratsam, nur Musik der äussersten Spektren (z. B. Schlagermusik) zu hören.

Füttert man nun einen Computer nur mit den Daten der Hörer-Empfindungen, dann ist er fähig, «London Calling» zu rekonstruieren. Das Resultat ist etwas unscharf, gewisse Zwischenräume sind gefüllt, die Spitzen manchmal etwas weniger ausgeprägt, aber es ist als «London Calling» zu erkennen.

So ist es also möglich, die gemessenen Körperdaten leicht zu variieren und damit automatisch neue, bisher nicht bekannte Musikstücke von The Clash zu generieren. Bei Abweichungen von über 1/20 der Ursprungswerte beginnt die Musik dann aber eher wie die der Stranglers zu klingen. Stellt man noch mehr Parameter anders ein, verlässt man via P.I.L. und Joy Division irgendwann den Post-Punk-Bereich und erreicht das benachbarte Spektrum des New Wave. Dreht man weiter, streift man weitere Musikstile.

Die Entdeckung dieser Musikspektren, die ich zusammen mit meinem amerikanischen Kollegen Robert F. Curva von der Universität Miami im Jahre 2003 machen durfte, ist eine wichtige Voraussetzung zur Vollvermessung der Welt. Robert und ich staunten nicht schlecht, als wir feststellten, dass Musik nichts Kreatives, sondern nur etwas zufällig Entdecktes ist. Etwas, das bereits seit dem Urknall vorhanden ist, aber im Unwissen schlummert. Wie wir beweisen konnten, gibt es folglich unendlich viele The-Clash-Stücke, von denen die Band selber nur einige Dutzend entdecken konnte, weil sie, ausgehend von ihren Körperwerten, zufällig darauf stiess, als sie auf ihren Gitarren herumspielte.

Fahne 1 flattert Fahne 2 etwas vor.

Die letzten Geheimnisse einer rationalen Welt von Ruedi Widmer

Nr. 867 / Die Zukunft der amerikanischen Wissenschaft

Die Sonntagspresse berichtete über Anstrengungen der ETH und Universität Zürich, exilierende amerikanische Akademiker aufzunehmen, und man erfuhr, dass immer mehr von ihnen vor dem postfaktischen und wissenschaftsfeindlichen Trump-Amerika nach Kanada flüchten.

24. Oktober 2013

Bin ich mit Ruedi Noser verwandt?

*Ruedi Widmer findet in Georgien
Hinweise auf seine Herkunft*

Sind wir doch alle Brüder und Schwestern? Paläoanthropologen haben in Georgien den ersten vollständigen Hominidenschädel aus der Zeit vor 1,8 Millionen Jahren ausgegraben.

Es verdichten sich die Hinweise darauf, dass alle Homo nur einer Gattung angehören. Bis jetzt gingen die meisten Forscher von mehreren Homo-Arten aus. Doch die Natur ist brutal. Schwarzweiss. Alle Zwischentöne sind ihr zuwider.

Als die Menschen noch davon träumten, auf dem Mond komische Lebewesen anzutreffen, und sich flache Erden vorstellten, da war die Natur noch ein Wunder. Stattdessen musste man bald zerknirscht feststellen: Selbst in Milliarden Lichtjahren Entfernung sind die physikalischen Gegebenheiten nicht anders als um uns herum. Und so wird es immer wahrscheinlicher, dass in regelmässigen Abständen Kugeln im Universum existieren, auf denen die Spezies Homo lebt – nicht überlegene Intelligenzhelden in Raumkreuzern, sondern trottelige Gestalten in Einkaufszentren und Wichtigtuer in grossen Rollwagen, genau wie hier auf der Erde.

So wie es nur einen Gott gibt, gibt es auch nur einen Menschen. Wie hätte Gott neben den vielen Tieren auch noch Zeit finden sollen, verschiedene Homo-Typen zu entwickeln? Gott ist ja auch nur ein Mensch. Also denkt er ökonomisch und entwickelt die Menschen aus einem einzelnen Urmenschen. Aus Wilhelm Tell entstanden die heutigen verschiedenförmigen Menschen wie die Dicken und Dünnen, die Schwarzen und Weissen, die Krummen und die Hochgeschossenen. We are one family – Christoph Blocher ist der Ururenkel Wilhelm Tells, und wir alle sind die strahlenden Kinder seines bildhübschen Sohns Toni Brunner. Die besonders Fleissigen sind die Kinder von Ruedi Noser, und die besonders Faulen entstammen der sozialistischen Teilzeitvaterschaft von Cédric Wermuth und David Roth.

Auf die gesamte Menschheitsgeschichte gesehen relativ spät, im Jahr 1971, erschuf Gott die Frau, und seither gerät das Wirtschaftssystem ins Wanken. Männer sind gezwungen, den Frauen Eindruck zu machen, und häufen grosse Geldmengen an. Einst friedfertige Männer geraten in Streit wegen Frauen. Fernsehsendungen wie «Die Schweizer» können nicht mehr klaglos ausgestrahlt werden. Das neue sexuelle System verlangt nach sexuellen Boxen, deren früheste Exemplare erst dieses Jahr im zürcherischen Altstetten ausgegraben wurden.

Neuste Ausgrabungen zeigen hingegen, dass selbst Christoph Blocher mit einer Frau verheiratet war, was die gesamte heutige bekannte Geschichte der Menschheit umkrempeln könnte und Paläoanthropologen in helle Aufregung versetzt. Forscher fanden kürzlich Knochen einer Martullofrau, die höchstwahrscheinlich der Gattung Blocher angehört. Frauen scheinen schon vor 1971 gelebt zu haben. Wofür, ist allerdings noch nicht bekannt.

Doch was sagt Gott dazu? Er ist telefonisch nicht erreichbar und flüchtet schliesslich in die Residenz des Limburger Bischofs Franz-Peter Tebartz-van Elst, die so gross ist, dass er sich nach Ansicht der meisten Experten darin verirren könnte.

Wie gross ist die Gefahr einer kommenden Gottlosigkeit? Die Paläoanthropologen beruhigen und weisen darauf hin, dass alles ausgegraben werden kann, was man sich vorstellt. Also dürften die Forscher eines Tages Gott ausgraben und ihn nach der Wahrheit fragen.

Die Geschichte der Menschheit ist noch nicht fertig geschrieben.

7. FEBRUAR 2013

Alles ist bewegt

Ruedi Widmer holt sich ein Brötchen

Ich lese aufmerksam und interessiert das tolle Buch *heute und danach* über die schweizerische Popkultur der Achtzigerjahre. Ich war zu jung und zu angepasst, um da wirklich dazuzugehören, und erlebte nur noch die Ausläufer zum Ende des Jahrzehnts, wie die international erfolgreichen Yello, die Wohlgroth-Besetzung und die coole Arroganz, mit der man in illegalen Bars bedient wurde.

In dieser Zeit arbeitete ich in der Werbung, ich lernte den Beruf des Grafikers. Oft hatte ich mit Leuten zu tun, die in der «Bewegung» waren. Die «Bewegten», da schwingt bereits die Doppeldeutigkeit von Bewegen im körperlichen und Bewegen im gefühlsmässigen Sinn mit (heute sagt man «im emotionalen Sinn»). Es wäre zwar vermessen, der Achtzigerbewegung die Schuld für alle zehntausend sogenannten Claims (Werbeslogans) zu geben, die mit diesem «Spannungsfeld» arbeiten. Aber für etwa fünftausend davon darf man sie ihr sicher geben.

«Die VHS bewegt Dich». «Tanz bewegt!» «Schule bewegt», aber: «Tanz bewegt Schule». Natürlich heisst auch jedes Fitnessprojekt «Sportkanton Zürich – wir bewegen», «Graubünden bewegt», «gossau-bewegt.ch», genauso wie sich «Flawil bewegt», «Bellach bewegt», die «Pfalz bewegt», «Vorarlberg bewegt», ja sich «alles bewegt» (Festspielhaus St. Pölten). «Therapie, die bewegt», gibt es ebenso wie «Logopädie-beWEGt». Kommt mit auf die «GENUSS REGION ÖSTERREICH bewegt-Tour 2012». Umweltfreundliche «Energie bewegt Winterthur». Die Jugend wird in Bewegung gehalten, «jubla.bewegt», und natürlich gilt: «Du bewegst die Jubla». Religiös bewegt wird man in der «Stami, Kirche die bewegt».

Es ist schön, wenn die Post einen Buchband zur Postgeschichte veröffentlicht. Der heisst naheliegend und nicht ganz zu Unrecht «Gelb bewegt». Je weniger Pakete bewegt werden, umso mehr die Gemüter. Und wir sind mittendrin im Verkehrsmarkt, wo Verkehrs-Bewegungen angeboten werden. In Essen heisst es bei der Strassenbahn: «Wir bewegen Essen», in Rostock, in Offenbach, in Innsbruck klingt es ähnlich. «Wir bewegen Bern», tönt die Grüne Partei Bern. Lustigerweise ist, was man bei den Grünen Bern wohl gar nicht weiss, derselbe Slogan auf Zürich gemünzt auch fürs ETH-Turnen «entwickelt» worden, wie die Werbeagentur Loglan auf ihrer Website stolz vermerkt. Bei einer Aktion auf dem Gelände der Regiobahn GmbH in D-40822 Mettmann werden zukünftige Eisenbahningenieurinnen mit der Losung «Die Bahn bewegt – Mädchen bewegen die Bahn» angelockt. Die Uni Heidelberg bewegt, Werder Bremen bewegt. Google bewegt noch viele Bewegungen ans Tageslicht. Ich halte es nicht mehr aus und hole mir ein bewegtes Brötchen zum Zmittag.

Es ist einfach, mit Google zu recherchieren. Die Journalisten sollen den Arsch vom Bürostuhl wegbewegen und physisch die Schauplätze des derzeitigen Lebens aufsuchen, hört man ab und zu. Nun, ich bin nicht Journalist. Aber ich bin kurz davor, die Aktion «Karikaturisten bewegen viel – bewegen sich aber zu wenig» zu gründen. Wie alle Aktionen, die sich vornehmen, den Volkskörper gesund zu machen, würde die Sache aber nach acht Monaten abgeblasen und in gemütlichen Bierverzehr münden.

Statt bewegen kann man auch aufwühlen sagen. Ich bin dankbar, dass dieses Wort noch nicht entdeckt wurde. Vielleicht gibt es irgendwo «literatur.wühlt.auf», aber ich mag gar nicht nachschauen.

Was wird aus den Bewegten der Jetztzeit, den AbzockerInnen, wenn die Abzockerei ins Museum gestellt wird? Gehen die dann auch alle in die Werbung, und es zockt überall? «Feusisberg zockt», es «rockt und zockt»?

28. Mai 2015

Gut, böse, blind

Ruedi Widmer über knallhartes Rechnen und die Erbschaftssteuerinitiative

Peter Spuhler (SVP) holt auch links oft Sympathie, weil er nicht einfach mit luftigem Geld handelt, sondern handfeste, besteigbare Schienenfahrzeuge für den öV herstellt. Ausserdem hat er den menschlichen Vorteil, relativ ruhig und gelassen zu sprechen, was in einer Partei von Hitz- und Halbköpfen schnell einmal auffällt. Nur sollte der Ton Spuhlers nicht darüber hinwegtäuschen, dass auch er zwangsläufig ein knallharter Rechner ist.

Doch die Angestellten und Büezer der Schweiz sind keine knallharten Rechner, sondern Gefühlsdusler, die, wenn es etwas komplizierter wird als bei der Coop-Sparaktion, gleich dankbar und gottesfürchtig werden und finden, man solle jetzt doch mal zufrieden sein mit dem, was man hat.

Diese zwinglianische Verstandeslähmung ist ein grosses Unter- und Mittelschichtsproblem.

Nur diejenigen, die am meisten Milliarden und Millionen besitzen, sind offenbar frei von dem edlen Gedanken der Genügsamkeit. Dabei haben sie so viel bekommen in den letzten zehn Jahren, die Unternehmenssteuerreform II zum Beispiel. Wer Kinder hat, kennt das Phänomen: Wenn sie ein Zältli mehr als üblich bekommen, muss es gleich nochmals eins sein.

Die Begründung für Steuergeschenke ist im rechten Abstimmungsgeheul stets das «Wohl der Schweiz» und nicht das Portemonnaie der Villenbesitzerinnen und Cayenne-Fahrer. Allenfalls lässt man noch Arbeitsplätze, die dann doch nicht entstehen, als Argument gelten.

Die Schweiz als Idee ist unwichtig, wenn es der Wirtschaft gut geht. Wenn es nicht mehr so rund läuft, muss sie den ökonomischen Graben zwischen Besitzenden und Nichtbesitzenden kitten. In Deutschland muss Deutschland kitten, in Russland Russland (oder die Ukraine). Eine solche Schweiz steht letztlich dem Wohl der Schweiz im Weg. Sie ist Heilsversprechen wie Totschlagargument. Die Schweiz macht die SchweizerInnen blind.

Die Angst der Mittelschicht vor sowohl der Ober- wie der Unterschicht führt auch in Deutschland zu absurden Blüten. So regen sich die deutschen BerufspendlerInnen bei den Bahnstreiks nicht etwa darüber auf, dass ihre KollegInnen in den Lokführerständen Hungerlöhne erhalten von einem stets Milliardengewinn machenden Unternehmen, sondern dass die Züge nicht fahren. Bei einem Kinofilm oder einer Sendung über ein elendes afrikanisches Land würden sie umgekehrt denken.

Die deutschen LokführerInnen haben wie Spuhler knallhart gerechnet und kamen zum Schluss: Es geht so nicht weiter. Ich kenne einen bürgerlichen KMU, der überrascht herausgefunden hat, dass sein Geschäft mit einem Ja zur Erbschaftssteuerinitiative besser fährt als beim fanatischen Nein des Gewerbeverbands. Er hat bemerkt, dass er auf die Portemonnaies seiner KundInnen angewiesen ist und nicht auf die Steuerspargelüste der Oberschicht.

Um das ökonomische Bewusstsein beim Volk steht es nicht sehr gut: Eine Freundin von mir sprach eine Migros-Kassierin an, die den KundInnen die Bezahlautomaten erklären musste. Sie sagte, halb sarkastisch, halb peinlich berührt: «Ist es nicht seltsam, wenn man den Kunden den eigenen Arbeitsstellennachfolger schmackhaft machen muss?» Die Angestellte sagte, daran habe sie noch gar nie gedacht.

14. März 2013

Erfolgreiche Entbildung

*Ruedi Widmer macht einen
unvergesslichen Besuch
in der «Vergesserei» Winterthur*

Der Mensch soll sich bis ans Lebensende weiterbilden. Dieser Trend kippt allmählich.

Die «Vergesserei», in einem alten Industriegebäude in Winterthur gelegen, ist die Vorreiterin des neuen Entbildungstrends.

«Wie auf einer Computerfestplatte können auch im Hirn Daten nicht wirklich gelöscht werden, sondern müssen mit Nullen überschrieben werden», sagt der ehemalige Primarlehrer Walter Knöchi, der die «Vergesserei» 2011 gegründet hat. In einem Raum sitzen fünf Frauen und Männer und hören der ausgebildeten Vergesserin Fritscha Michel konzentriert zu. Sie lernen, Inhalte zu vergessen. Das Wissen muss restlos durchgeackert und geistig überschrieben werden. Die KursteilnehmerInnen im Kurs «Französisch vergessen» haben ein Verlernmittel der Reihe «Forget it» vor sich. Bert Schmohner möchte nicht mehr Französisch können, weil seine Beziehung mit einer Französin in die Brüche gegangen ist. Seine Banknachbarin Susanne R. wiederum will aus purer Neugierde vergessen. Fritscha Michel ruft: «Wir entkonjugieren alle miteinander: ils comprennent, vous comprenez, nous comprenons, il/elle/on comprend, tu comprends, je comprends.» Dann fordert sie Bert auf, das Verb «comprendre» zu konjugieren. Bert sagt voller Glück: «Je ne äh pas.» Er erhält Lob für seine Vergessung, wie der Fachbegriff für überschriebene Begriffe heisst.

Das Verlernmittel enthält auf den ersten Seiten dichte Wortlisten. Je weiter man blättert, desto grösser werden die Lücken. Die Sprache verschwindet, auch optisch. Auf der letzten Seite steht «Oui», das letzte Wort, das vergessen werden muss. Schliesslich gibt es eine Prüfung, bei der acht Seiten mit französischen Wörtern nicht beschrieben werden müssen; die Blätter müssen weiss zurückgegeben werden. Auch gültig ist die Beschriftung mit vielen Nullen. Nervösen Prüflingen helfe das oft, sagt Knöchi.

Die Stimmung in der «Vergesserei» ist jugendlich locker, trotz der unheimlichen Vorgänge in den Kursräumen. Walter Knöchi räumt ein, dass das Image des Vergessens schlecht sei. «Es gibt Menschen mit Alzheimer, die unter dem Vergessen leiden. Aber viele Menschen leiden umgekehrt unter ihrem Wissen.» Die ehemalige Chemielaborantin Gerda S. hat soeben die Entbildung in Chemie hinter sich. «Ich weiss nicht mal mehr, wie man diesen Blöterli hier in der Cola sagt. Ich fühle mich so richtig schön aufgeräumt und dumm.» Komplexe Module wie «Vergessen in Philosophie» sind erst im Aufbau. Knöchi: «Dafür brauchen wir die besten Philosophen.»

Gibt es Leute, die die Vergessung bereuen? Walter Knöchi wird leiser. «Ein Mann aus Zürich sollte auf Druck seiner neuen, in Madrid lebenden spanischen

Freundin sein Schwedisch vergessen, weil seine Exfreundin, eine Schwedin, ihm immer noch nachstellte. Doch der Mann besuchte fälschlicherweise ausgerechnet einen Kurs für Spanischvergessung. Er sagte dem Kursleiter nichts, aus Angst, sich lächerlich zu machen. Doch unsere Methode hatte nach einer Unterrichtsstunde bereits ein Drittel seines Spanischwortschatzes (den er sich bei einem halbjährigen Madridaufenthalt zugelegt hatte) mit Nullen überschrieben. Der Mann getraute sich nicht mehr, seine Freundin anzurufen, und nahm auch ihre Anrufe nicht mehr entgegen. Vermutlich hat sich diese Beziehung aufgelöst. Das ist zwar tragisch, aber es zeigt die Effektivität eines Kurses in der ‹Vergesserei›.»

Am besten überschreiben Sie das, was Sie hier gerade gelesen haben, sogleich wieder mit Nullen.

Unbrauchbare, dafür umso sympathischere Handrückennotiz.

22. Januar 2015

Neu auch in Ihrer Schweiz

*Ruedi Widmer über Pegida
und Fussschweissspray*

Ein Deutscher hat sich ausnahmsweise bereit erklärt, mit der «Lügenpresse» zu sprechen. Und gesagt, man werde ganz Europa erobern.

Die Rede ist nicht von einem Pegida-Demonstranten, sondern von Christian Emde alias Abu Qatadah, einem deutschen IS-Konvertiten im Irak. Das Interview führte der Journalist Jürg Todenhöfer, bewacht von zwei vermummten, schwer bewaffneten IS-Schergen.

Abu Qatadah sieht aber hinter sprödem Bartwuchs wie ein abendlandbesorgter Pegida-Demonstrant aus, mit seiner sonnenbrandanfälligen Haut und seinen rotblonden Haaren. Wäre er nicht in Mosul, er wäre zweifellos in Dresden. Ein narzisstisches Bürschchen, das bestimmt früher an der Schaumparty in der Eurodisco in Memmingen oder Solingen voll abging und sich immer ungeschickt an die Mädels heranmachte und Abfuhr um Abfuhr erlebte, bis er von den Islamisten aufgenommen wurde und erstmals im Leben Wärme bekam (von der Wüste). Voller Hass und Schadenfreude spricht er über Deutschland, das dem Untergang geweiht sei. Alle würden versklavt oder enthauptet, ausser sie entscheiden sich für den sunnitischen Glauben. Köpfen statt Köpfchen.

Kein Wunder, nach der Tortur des Interviews hat man nicht besonders Lust auf den Islam. Man muss sich sammeln und sich vergegenwärtigen, was das mit dem Islam zu tun hat. Oder mit dem Kebabverkäufer um die Ecke. Oder den Kosovaren in der Schweizer Nati. So viel, wie der Nationalsozialismus mit Beni Thurnheer oder Simonetta Sommaruga oder Carlo Janka zu tun hat. Ich hoffe, das gelingt nicht nur mir, sondern auch dem RTL-Publikum.

Jeder Militärstratege erkennt: Solche Fanatiker sind nur mithilfe der 99 Prozent normalen MuslimInnen zu besiegen. Diese müssen wir zu unseren KomplizInnen machen.

Deshalb ist Pegida unbegreiflich. Begreifen tun das allenfalls Leute wie der erwähnte Konvertit. Weil er als der alte, zu kurz gekommene Christian sicher auch dabei wäre und weil er als der neue, rachsüchtige Abu Qatadah will, dass die Deutschen Moscheen anzünden.

Pegida klingt nach wie vor seltsam weich, etwas medizinisch. Oder wie ein Fussschweissspray. Auch al-Kaida arbeitet mit der verführerisch klingenden Endung «ida».

Nun kündete ausgerechnet der Schweizer PNOS-Patriot Ignaz Bearth an, die deutsche Pegida, diesen Starbucks der VerliererInnen, auch bei uns zu eröffnen. Ebenso der irrlichternde Basler SD-Politiker Eric Weber. Wie viele weitere Personen solche Pegiden in die Schweiz holen wollen, wird sich zeigen.

Pegida wird in erster Linie für die SVP gefährlich. Deshalb distanziert sich die Junge SVP davon. Rechtsextreme haben seit dem offiziellen Nein der SVP zu Ecopop ein gespaltenes Verhältnis zu Blochers Wirtschaftspartei. Es ist zu erwarten, dass die SVP den rechten Rand nicht mehr kontrollieren kann und ihr neue Parteien WählerInnen wegnehmen. Verschiedene Personen, die von der eigenen Wirkung überzeugt sind, wollen sich nicht mehr von Blocher die Show stehlen lassen. Eric Weber gelingt dies schon länger ganz gut, er wanderte gar mal aus Protest aus der Schweiz aus, und er könnte mit seinen öffentlichen Auftritten durchaus zum Bruder von Christoph Blocher avancieren.

Aber wenn man die politischen Erfolge von Weber und Bearth (der vor wenigen Tagen schon wieder als Pegida-Sprecher zurückgetreten ist) anschaut, dann verschwindet Pegida in der Schweiz ebenso schnell wie einst der Botellón.

Deo-Burka

Abfall-Burka

Nachtburka ohne Sehschlitz

Pärchenburka

Burka für die christliche Frau

widmer

20. August 2015

Die Pracht unter Huonders Robe

Ruedi Widmer über heterosexuelle, weisse Mannesmänner

Der US-Präsidentschaftsanwärter Donald Trump liegt im Vorwahlkampf der Republikaner in Führung. Auch hierzulande kommt sein ungehobelter Stil an. Vorab bei weissen, heterosexuellen Männern. «Erfrischend», «frei von der Leber weg» rede Trump. Latinos seien Drogenhändler, Frauen hauptsächlich für Sex da. Das begeistert den politischen Mann und die apolitische Frau gleichermassen. Die Aufgaben eines US-Präsidenten, überhaupt der Politik, haben sich in den letzten Jahren gewandelt. Politik ist einfacher geworden, viele Probleme sind inzwischen gross genug, um endlich als unlösbar akzeptiert zu werden. Man kann sich so wieder auf das Machbare und Naheliegende konzentrieren.

Deshalb tritt auch in der Schweiz eine Rekordmenge von Nationalratskandidaten an. Das Feuer der Politik lodert wieder, es macht endlich wieder Spass, denn man kann sich auf seine ureigensten Interessen konzentrieren (Leute quälen, Steuern senken, Frauen beschimpfen, Grenzen schliessen, Sex haben) und muss sich weniger mit langweiligen Aufgaben mit vielen Zetteln und Sitzungen beschäftigen, wie sie noch in den Nullerjahren die Bundespolitik bleiern gemacht haben.

Je komplizierter politisiert wird (zum Teil schwierige Gesetze, Wörter mit vielen Buchstaben, Sachen mit Frauen), desto weniger ist die Politik beim Volk akzeptiert, weil sie nichts mehr mit dem heterosexuellen Männerverstand und dem entsprechenden Leben zu tun hat (Klarheit, Geld, Auto). Damit ist nun Schluss.

Der weisse, heterosexuelle Mannesmann Giuliano Bignasca erlebt mit Donald Trump seine Wiedergeburt. Auch Bischof Huonder ist ein Apologet dieses neuen männlichen Zeitalters, dessen Spirit viele gar noch nicht mitbekommen haben, weil sie nicht auf Facebook und im Bahnhofsbuffet verkehren. Huonder hat mit seiner Rücksichtslosigkeit seine Heterosexualität zum Markenzeichen gemacht. Jeder Traditionalist, ob Christ oder Islamist, kann sich dreidimensional vorstellen, welche Pracht sich unter seiner Robe erstreckt, und sich daran erfreuen, selber auch derart heterosexuell zu sein.

Es gibt noch einige solche Männer der Zukunft: Wladimir Putin, der sich gerne auch mal ohne Krawatte zeigt und so frisch und busper wie aus dem 3-D-Drucker aussieht; der für vierzig weitere Politjahre geliftete Silvio Berlusconi, der in Russland eine Ministerkarriere bekommen soll, oder CSU-Mann Horst Seehofer, dessen Nachname das Apple-Korrekturprogramm immer in «Seeufer» abändert und so den nächsten Satz inspiriert: Sie sind die Leuchttürme der Jugend, sie haben die Fussballspieler abgelöst, die, unterirdisch metrosexuell und multikulturell, keine Heterosexualität mehr ausstrahlen können.

Auch die Frauen werden mannesmännlicher. Angela Merkel, Yvette Estermann,

Nadja Pieren, Thomas Fuchs, Martullo-Blocher. Reinstes Politadrenalin, das eine wunderbare männliche Heterosexualität ermöglicht, wie sie für die neue Politik unumgänglich geworden ist.

Was diese neue, für alle begreifbare Politik auszeichnet, ist eine klare Bevorzugung der eigenen Person und ihre Herauslösung aus der Masse. Sie lädt jeden Wähler ein, sich aus der sozialen Gesellschaft herauszulösen oder aus einer Problemmasse wie der der Ausländer, der Rücksichtslosen, der Rassisten oder der Ausbeuter. Der Einzelne ist nie schlecht, nur die Masse. Dieser Schälprozess ist die wahre politische Mission des heterosexuellen Mannesmanns. Kommt der Flüchtling alleine mit dem Schiff, dann wird er bevorzugt behandelt und bekommt ein Bankkonto. Kommt er aber mit dem öffentlichen Schiff, dann ist er für den heterosexuellen Mannesmann wertlos.

Nur der, der sich der Masse entziehen konnte, ist ein Held und damit erst Teil des Volkes.

10. Dezember 2015

Das Volksfest

Ruedi Widmer berichtet live vom gigantischen Bundesratsfest ums Bundeshaus

Bern – Überschwängliche Stimmung heute zur Bundesratswahl. Bereits beim Bahnhof, aus dem Tausendschaften Bundesrätinnenfans und Bundesratswahlfestfreudige strömen, stehen die ersten Stände; die Bundesratsweggen und Bundesratsmandli mit Rosinenaugen gehen wie warme Weggli weg. Es ist kein Vorwärtskommen. Alle wollen sie, schon Stunden zu früh, zur Grossbühne auf dem Bundesplatz, wo die Gewählten nach der Wahl im Bundeshaus zu lauter Technomusik, viel Geblitze und Rauch den Schwur zum Volk machen und den legendären Schluck K.-o.-Tropfen trinken werden. Auf dem Waisenhausplatz ist Chilbi. Autoscooter, Karussells, das Riesenrad. Die Gondeln heissen nach den berühmtesten Bundesräten. Wir steigen in die Gondel «Willy Ritschard» und lassen uns in den kalten Dezember-

himmel tragen. Das Bundeshaus ist rot beleuchtet, dort geschieht heute gar Wundervolles. Rot gekleidete Schutzklausel bewachen das hohe Haus.
Nach der Fahrt genehmigen wir uns einen aufblasbaren Widmerschlumpf für die Kinder zu Hause und einen Orangenputsch.
In den mit Schweizerfähnchen und Kerzchen geschmückten Schaufenstern stehen überall Holzfiguren im Miniaturbauernstall. In einer Futterkrippe liegt der neu gewählte Bundesrat, flankiert von Christoph Blocher und seiner Frau. Dahinter auf allen vieren die Nationalräte Germann und Brand. Darum herum weiden die Schäfchen der Partei. Aus dem Morgenland kommen nur drei Flüchtlinge, die sogar Geschenke für den kleinen Bundesrat bringen.
Auch der Franz Carl Weber in der Marktgasse steht ganz im Zeichen der Wahl. Johann Schneider-Ammann als Tyrannosaurus jsa und Alain Berset als Minion lassen Kinderaugen leuchten.

In einem Musikhaus haben wir schon am Vortag den bleichweissen Flügel «Simonetta Sommaruga» gesehen, sündhaft teuer und nur mit zehn Flüchtlingen zusammen erhältlich.
Die «Nacht der langen Messer» am Vorabend haben wir in der Postfinance-Arena verbracht. Üppige Emmentalerinnen servierten Humpen um Humpen, der Blick auf die Bühne war getrübt durch den Rauch der Stumpen.
Um 22 Uhr die erste Vorführung. Der Messerdiener brachte zwei etwa fünf Meter lange Messer. Die Leute johlten. Zuerst durfte die CVP das Messer schwenken. Parteipräsident Darbellay traf dabei aus Versehen SP-Präsident Levrat in den Arm, sodass dieser den Geheimplan zuerst nicht präsentieren konnte. Er wurde ambulant behandelt. Darbellay entschuldigte sich aber. Um viertel vor elf bestieg Levrat wieder die Bühne und startete eine Liveshow mit Tänzerinnen in T-Shirts mit der Aufschrift «59». Es wurden etwa hundert Strategien heruntergerappt. Die Auf-

gabe des betrunkenen Publikums war es, zu deuten, welche die richtige ist. Uns war das zu laut, und wir gingen ins Hotel.
Auch im Hotelzimmer war alles liebevoll geschmückt. Seife mit Kurt-Furgler-Konterfei, das Doppelbett im Schweizerkreuzanzug, Negerküsse in Blocherlippenform und über dem Bett ein grosses, durchaus erotisierendes Ölbild mit einem leicht bekleideten Hans-Rudolf Merz auf einem Sofa. Ums ganze Bett herum: Lebkuchen und Bündnerfleischchips.
Geweckt wurden wir um 8 Uhr durch die Patrouille Suisse, die über der Stadt ihre Loopings drehte. Ueli Maurer soll angeblich mit nacktem Oberkörper im vordersten Tiger-Zweisitzer gesessen haben. In Payerne stieg er dann wie ein Held aus. Nachher ging er allein in den Wald. Bundesratswahlen interessieren ihn nur mässig.

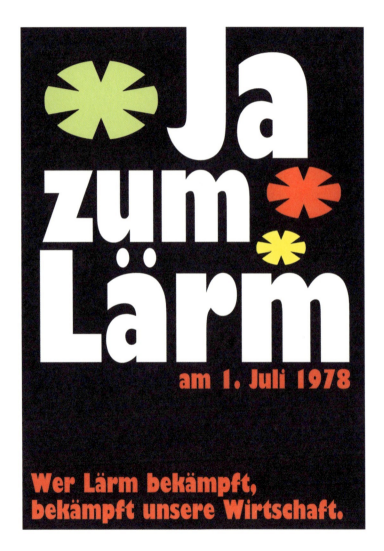
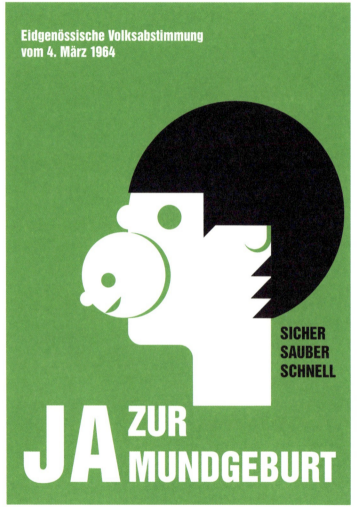

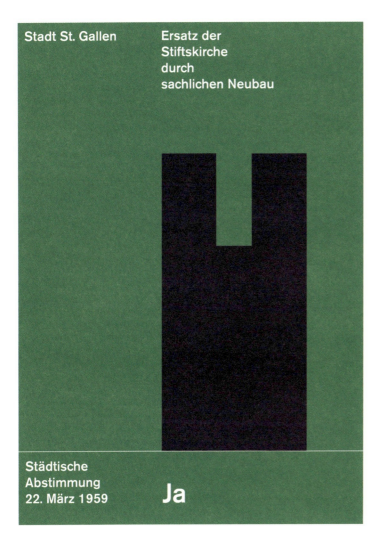

25. Februar 2016

Alles abgekupfert

Ruedi Widmer über das Genre der Scheissinitiative

Die GegnerInnen und die BefürworterInnen stehen vor der Abstimmung zur sogenannten Durchsetzungsinitiative (DSI) nach der letzten Meinungsumfrage etwa gleichauf. Die BefürworterInnen müssen momentan sogar eher zittern. Doch was unternehmen die Millionen von besorgten BürgerInnen für ihr Glück? Nichts. Einzig die Partei musste nochmals ran und hat ein sündhaft teures Flugblatt in alle Briefkästen geschickt, man solle Frauen und Töchter vor Ausländern schützen.

Bei den Gegnern der Initiative hingegen weibeln unzählige Komitees, Vereine, Freiwillige. Die GegnerInnen sind lebendig, kreativ, musikalisch, künstlerisch, gescheit, kritisch, witzig. Eine gigantische Fülle verschiedenster Plakate, Demonstrationen, Theater, Filme, Songs, Social-Media-Aktivitäten wurde zum Schutz der modernen Schweiz erschaffen. Die GegnerInnen erhalten Spenden von unzähligen Schweizerinnen und Schweizern, die teilweise ihre letzten Ersparnisse für die Rettung des Rechtsstaats aufwenden.

Bei den BefürworterInnen hingegen gibt es, abgesehen von den auf der Website bestellbaren offiziellen schablonenhaften Flyern und Plakaten der SVP, keinerlei Eigeninitiative. Eine traurige Eintönigkeit aus grün-weiss-roten Parolen und Sprüchen erinnert an das Erscheinungsbild Ostberlins vor 1989. Ähnlich wie bei der SED in der ehemaligen DDR wird ein «Auftrag» aus dem Politbüro freudlos und abgeklärt durchexerziert. Die Formen sind fix vorgegeben. Arbeit für Roboter.

Wenn das Volksbegehren wirklich aus dem Volk käme, wäre automatisch viel mehr Engagement der einzelnen BefürworterInnen da. Es bestünden neben der SVP unzählige Komitees und Gruppen, die diese Initiative mit Leidenschaft propagieren würden.

Die Realität ist traurig: Bezahlte Schreibcenteragenten müllen nach russischem Vorbild die LeserInnenforen der Onlineportale voll. Chris von Rohr hat kein einziges DSI-Lied geschrieben. Die Schäfchen wurden in England eingekauft, ebenso die gezeichneten Kriminellen auf dem *Weltwoche*-Cover. Im rechten Umfeld gibt es niemanden, der so etwas zeichnen könnte. Beim SVP-Video zu den Wahlen mit den witzigen Szenen wird der Name des Regisseurs nicht genannt, weil er wohl für viel Geld eingeflogen werden musste.

Die SVP-Plakatsprache ist eine Adaption rechter Propaganda aus den 1920er-Jahren, die wiederum bei der sozialistischen Plakatsprache abkupferte. Die verwendeten Schrifttypen wurden allesamt von Linken erschaffen. Die Webaktivitäten der Partei wären nicht denkbar ohne das von liberalen Geistern erfundene Internet.

Die Ikonen der Rechten sind allesamt von anderen erschaffene Marken, die sie mit viel Geldmitteln aufkauften und mit ihren eigenen Inhalten füllten – «SVP», «Die Weltwoche», «Basler Zei-

tung», «Basler Läckerli», «Ems Chemie», «NZZ» und bald weitere mehr.
Der Eindruck, dass totalitär orientierte Menschen nicht kreativ sind, täuscht also nicht. Wenige von ihnen sind zwar strategisch schlau, sie sind geschickt im Umgang mit Geld, Waffen, erfundenen Zahlen und Schreckgespenstern. Und viele von ihnen sind fleissig, emsig, zäh, bis zur Selbstaufgabe. Das sind ihre grossen zwei Vorteile. Aber sie sind praktisch unfähig, Neues zu erschaffen.
Deshalb werden sie, auch wenn sie zuvor noch viel zerstören, irgendwann zwangsläufig untergehen.

UBS-Knigge
Dresscode

Bankräuber

Der Dresscode ist ein Leitfaden zur angemessenen Kleidung. Wer in den Gebäuden der UBS verkehrt, wird automatisch Teil der UBS-Welt, der UBS Corporate Identity.

Auch der professionelle Bankräuber hält sich an die förmlichen Gepflogenheiten der Bank, damit er, die Marke UBS und das erbeutete Geld eine optische Einheit bilden, und in der Schalterhalle ein angenehmer Eindruck hinterlassen wird.

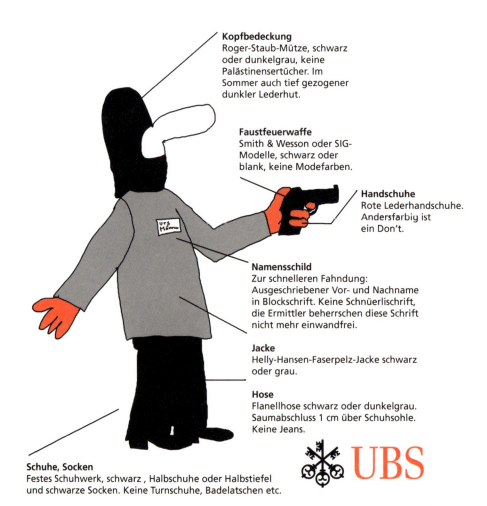

Kopfbedeckung
Roger-Staub-Mütze, schwarz oder dunkelgrau, keine Palästinensertücher. Im Sommer auch tief gezogener dunkler Lederhut.

Faustfeuerwaffe
Smith & Wesson oder SIG-Modelle, schwarz oder blank, keine Modefarben.

Handschuhe
Rote Lederhandschuhe. Andersfarbig ist ein Don't.

Namensschild
Zur schnelleren Fahndung: Ausgeschriebener Vor- und Nachname in Blockschrift. Keine Schnürlischrift, die Ermittler beherrschen diese Schrift nicht mehr einwandfrei.

Jacke
Helly-Hansen-Faserpelz-Jacke schwarz oder grau.

Hose
Flanellhose schwarz oder dunkelgrau. Saumabschluss 1 cm über Schuhsohle. Keine Jeans.

Schuhe, Socken
Festes Schuhwerk, schwarz, Halbschuhe oder Halbstiefel und schwarze Socken. Keine Turnschuhe, Badelatschen etc.

gez. Widmer

2. Juni 2016

Ratschläge für anonyme Politiker

Ruedi Widmer rettet die verzweifelten Gegner des Asylgesetzes

Mit der Asylgesetzabstimmung hat das Wort «Enteignung» Eingang in die sogenannte Debatte gefunden. Dieses Argument (welches man sich so vorstellen muss, dass Frau Sommaruga an der Tür klingelt, um einem das Einfamilienhaus wegzunehmen) ist fast das Einzige, welches den Gegnern nach der misslungenen Geschichte mit den Gratisanwälten noch bleibt, obwohl eine Enteignung von Liegenschaften (allenfalls leerstehenden Fabrikhallen) für Flüchtlinge nur im absoluten Notfall in Betracht gezogen würde.

Für die Gegner ist eben immer Notfall. Die Alarmglocken in ihren Köpfen schrillen durchgehend, 24/7. Deshalb können sie nicht schlafen, sind so schlecht gelaunt und unzufrieden mit allem. Einzig mit rassistischen Witzen ist ihnen noch ein Lächeln zu entlocken.

Ein Schreiben wie das von letzter Woche, das vor der Enteignung ganzer Landstriche in der Schweiz warnt, können die Gegner der Asylgesetzrevision nur anonym abgeben, was ihre Vertrauenswürdigkeit weiter schwächt. Besonders in Deutschland und Österreich gehen in den Reihen der Fremdenfeinde erfundene Geschichten herum, zum Beispiel über Flüchtlinge, die den Bauern Ziegen klauen, um sie zu essen, oder über Gutscheine für Prostituierte, die gratis an Flüchtlinge verteilt werden. Man muss sich das mal vorstellen: Da lügen Fremdenfeinde, um ihren eigenen Gesinnungsgenossen Angst einzujagen. Kameradschaft geht anders.

Es ist doch moralisch einleuchtender, wenn ich, ein Gegner der Fremdenfeinde, erfundene Geschichten verbreite, denn ich bin ja für sie sowieso ein linker Lügner. So müssen sich die aufrechten Eidgenossen nicht mehr gegenseitig belügen.

Mir fiel etwas ein, als ich an einer Reihe parkierter Autos im Stadtzentrum vorbeiging. Das Auto ist das Heiligste für die Menschen, noch heiliger als das Heim und Gott. Viele Autos stehen nach ihrer morgendlichen und abendlichen Verwendung untätig herum. Ganze Parkhäuser sind tagsüber voll bequemer leerer Polstersitze, die erst abends wieder besessen werden.

Nun meine Geschichte:

Das Regime Sommaruga will alle Autos der Berufspendler (es sind Hunderttausende) zur Unterbringung von Flüchtlingen teilzeitlich enteignen. Eine ganz grosse Schweinerei! Sie müssen am Morgen den Flüchtlingen, die in Ihrem Auto in Ihrer Garage übernachtet haben, helfen auszusteigen, fahren dann zur Arbeit, wo auf dem Parkplatz schon die nächste Flüchtlingsfamilie wartet, um den Tag pennend in Ihrem Wagen zu verbringen. Feierabends müssen die Flüchtlinge natürlich aussteigen und in ein umgekehrt verkehrendes Auto umsteigen, damit Sie nach Hause fahren können, um dort die nächste Flüchtlingsfamilie an Bord begrüssen zu dürfen. Was haben Sie nun noch davon, Schweizer zu sein? Sie sind gar kein Schweizer mehr, Sie sind eine Milchkuh. Danke Sommaruga, gute Nacht Schweiz!!!!

Darf ich Sie bitten, obigen Abschnitt in den einschlägigen Verschwörungs- und Hassforen zu platzieren oder ihn auszudrucken und in die Briefkästen Ihrer Nachbarn zu stecken. Sie können sich auch in der Fussgängerzone gut sicht- und hörbar aufstellen und den Text laut vorlesen. Vergessen Sie nicht, immer mich als Quelle anzugeben. Das ist alles glaubwürdiger als anonyme Flugblätter. Nur so ist die Gesetzesvorlage noch zu bodigen.

Brave Revolutionäre

*Ruedi Widmer analysiert
das neue Parlament*

Die rechtskonservative Revolution in der Schweiz hat begonnen. Der linke Staat muss geschleift werden. Doch die erwarteten Fackelmärsche, Hassreden und Saalschlachten bleiben aus. Man trägt Krawatte und arbeitet.

Diese Revolution ist nämlich nur eine neue Staffel jener bürgerlichen und adretten Revolution, die seit über 150 Jahren in der Schweiz täglich wie ein Uhrwerk läuft. Von ihr hört man nur ein leises Ticken.

Ganz brav sassen letzte Woche die Revolutionäre auf ihren Nationalratssesseln. Ihr Puls war ruhig, ihr Plan in Excel-Tabellen auf dem Laptop gespeichert. Eine sehr reiche rechte Revolutionärin, deren Urgrossvater (obwohl Deutscher) schon in Marignano gekämpft hatte, zog zwar am Rednerpult einen Lätsch, aber der war nicht zu vergleichen mit den Lätschen, die die linken Konterrevolutionäre machten, als sie langhaarig die Macht im Staat übernahmen und splitternackt in den Ratssesseln hingen.

Wegen dieser Kommunisten, die nach 1968 das Parlament mit ihren Sit-ins blockierten, sodass die Bundesräte über Heroin spritzende Nationalräte steigen mussten, wenn sie zum Rednerpult gelangen wollten; wegen dieser Kommunisten war die Schweiz in den letzten zwanzig Jahren des Kalten Kriegs und bis am 18. Oktober 2015 quasi eine Sowjetrepublik, deren diktatorische Launen das Schweizer Bürgertum an den Hang des Zürichbergs hinauf- und an den Rand des Zürichsees zurückdrängten.

Die ganze Schweizer Politik war aus Sicht des ewigen rechten Revolutionärs nach 1970 linksradikal: In der RS durfte man nur noch im Schiessstand schiessen, damit ja keiner erschossen wird. In der Schule musste der Lehrer den Schülern Rechnen und Sprache beibringen, statt sie zu verprügeln. Plötzlich gab es Frauen. Plötzlich mussten unsere Schweizer Bauern in Fabriken malochen, statt das Feld zu bestellen. Die Machtzentrale war nicht mehr die Berner Wandelhalle, sondern die Berner Reithalle.

Zurück zu den Tugenden der Vorkriegszeit. Zurück zur Technik des 19. Jahrhunderts. Zurück zur frauenlosen Gesellschaft.

Es werden die Steuererleichterungen für Konzerne weiterverfolgt, die schon begannen, als noch Säbelzahntiger unsere Strassen unsicher machten – und selbstverständlich weiterliefen, als die bürgerlichen Revolutionäre sagten, die ganze Politikergilde von links bis rechts in Bern sei links, von Moskau gesteuert, später von Brüssel.

Es werden für eine halbe Milliarde Franken Armeefahrzeuge saniert, die schon seit zwanzig Jahren (!) im Einsatz stehen. Es werden AKWs weiterbetrieben, die schon beim Rütlischwur den Strom lieferten. Die Sicherheit der Bevölkerung ist dem Bund aber wichtig und wird mit dem Bau der zweiten

Gotthardröhre garantiert. Falls Beznau in die Luft fliegt, geht das Volk in die Röhre. Dort ist es vor den Strahlen geschützt.

Es wird endlich wieder deutlich gesagt, dass neunzig Prozent der Schweizer Bauern sind. Sie sollen zurück aus den Arbeitslosenstatistiken, Büros und Fabriken der Städte in die Dörfer, aus denen sie einst von den Kommunisten vertrieben wurden, um dort die Arbeiten zur Ernährungssicherheit auf den verlassenen Feldern wieder aufzunehmen. Schliesslich geben die bürgerlichen Vögte nicht vergebens so viel Geld für die Landwirtschaft aus. Die Leute müssen schon auch mitmachen.

26. FEBRUAR 2009

Im Geheimnis

Ruedi Widmer besucht das Bankgeheimis

Das Bankgeheimnis A ist vom Paradeplatz aus in 150 Meter Tiefe sternförmig angeordnet und mit 100 000 Diamanten besetzt. Eine funkelnde Pracht, die die Gäste beeindruckt (der afrikanische Diktator Mobutu war so angetan, dass man ihm einen der Diamanten verkaufte). Allein Geheimnis A ist grösser als alle uns bekannten Geheimnisse. Fast hundert Meter tiefer als Nessies Loch und weitaus voluminöser als Yeti. Ausserdem hat sein Code mehr Stellen als der von da Vinci. Fast 2000 Menschen in grünen Overalls leben im Bankgeheimnis, die meisten sind darin geboren worden.

Ein weitverzweigtes unterirdisches Gangnetz führt bis ins Reduit am Gotthard, darin rollen alte Saurer-LKWs. Es gibt einen Tunnel vom Paradeplatz aus unter den Oberalppass, in dem die alten grünen Wagen der SBB fahren. Vor fünf Jahren wäre diese Linie beim Bau der NEAT beinahe gestreift worden.

Im Kriegsfall hätte man mit der Bahn das ausländische Geld vom Bankgeheimnis ins Reduit verschoben und dort behalten. Das Bankgeheimnis besitze sogar Atomwaffen, hat mir ein Goldreiniger gesagt. So habe die Schweiz den Atomwaffensperrvertrag umgehen können, denn ein Geheimnis sei kein Staat.

Vieles, was in der Schweiz oberirdisch verschwunden ist, ist im Bankgeheimnis unten noch vorhanden. So bietet die Swissair Flüge an, wenn auch nur in der riesigen Goldkathedralenhalle vom Paradeplatz unter der Sihl hindurch nach Wiedikon, unter dem ein weiteres gigantisches, hexagonförmiges Geheimnis (Geheimnis B) liegt, das über und über mit Kristallen geschmückt ist. Die «Tagesschau» wird von Léon Huber gesprochen. Bezahlt wird unter den Angestellten mit den alten Schweizer Noten aus den Siebzigerjahren. Das Geld wird immer noch mit Maga und Floris gewaschen. Der wichtigste Detailhändler ist ABM.

Das Bankgeheimnis wird seit den Neunzigerjahren kaum noch ausgebaut. Unter Anleitung der FINMA sollte allerdings ein mit Bernstein eingefasster Goldbunker in der Jungfrau entstehen, mit Wohnungen für untergetauchte Diktatoren (dafür wären 12 der 68 Milliarden Franken Bundeshilfe vorgesehen gewesen). Daraus wird nun nichts. Ferdinand Marcos wird sich weiterhin mit einer 2½-Zimmer-Wohnung in der Nähe des Paradeplatzes begnügen müssen. Ich hatte den Eindruck, dass man da unten schon längst auf die Aufhebung vorbereitet ist. Die Sicherheitskräfte jassen, Schäden werden nur notdürftig repariert.

Das Gemüse in den Auslagen sieht frisch aus. Die Zeit, als sich die Angestellten im Bankgeheimnis von Resten aus den Migros-Restaurants ernährten, sei lange vorbei, sagt Peter Ludwig Hotz, Bereichsleiter A. Marcel Ospel habe «vieles verbessert». Er habe seine Boni fast ausschliesslich dafür aufgewendet, den Arbeitern im Bankgeheimnis eine menschenwürdige Ernährung zu ermöglichen. Die meisten Boni der Kader seien sofort in die Verbesserung der sozialen Situation geflossen. Offenbar war Marcel Ospel wie ein Vater für die Leute, die ein Leben lang in der Hitze des Bankgeheimnisses arbeiteten. Hotz verteidigt den einstigen UBS-Chef: «Wie sollte sich Ospel wehren, wenn er als Abzocker beschuldigt wurde? Er durfte ja nicht sagen, wohin das Geld ging.»

Ab März wird das Bankgeheimnis auch der Bevölkerung zugänglich gemacht. Beim Paradeplatz die Rolltreppe hinunterfahren. Eintritt 25 Franken, Hunde an die Leine nehmen.

4. August 2016

Unheil im Anzug

Ruedi Widmer sagt:
«It's the Krawatte, stupid!»

Manch einer forderte angesichts der Umbrüche in der Türkei wohl in Gedanken blind die Beitrittsunterlagen der Gülen-Bewegung an. Andere bewundern still in ihren *Weltwoche*-Editorials die radikale Konsequenz der lupenreinen Demokratie Recep Tayyip Erdogans. Auf jeden Fall steht man fassungslos vor dem Jahr 2016 und fragt sich, was denn da noch kommen muss, wenn derart viele Schrauben locker sind.

Das Thema geht mich zwar eigentlich nichts an, ich bin nicht Türke, sondern neutraler Schweizer und darf nicht andere Länder und schon gar nicht andere Präsidenten kritisieren. Aber ich weiss auch, dass Präsident Erdogan grosszügig ist und seit neustem nachsichtig, wenn einem mal ein Scherzwort über die Lippen huscht.

Ich kenne viele Leute, aber niemanden, der Herrn Erdogan bewundert. Gehe ich ins Internet, stosse ich jedoch unweigerlich auf ZeitgenossInnen, die eifrig die demokratische Wahl des türkischen Präsidenten betonen und damit Spitzelei, Säuberungen, Folter und Mord zu demokratischen Werkzeugen erklären.

Die demokratische Wahl von beispielsweise Bundesrätin Sommaruga wird in denselben demokratischen Kreisen allerdings seit Jahren nicht anerkannt.

Was ist der Grund, warum die lupenreinen DemokratInnen demokratische Wahlen so unterschiedlich auslegen? Es liegt an den Kleidern. Leute wie Abu Bakr al-Baghdadi vom Islamischen Staat, Adolf Hitler, Muammar al-Gaddafi, Doris Leuthard, Angela Merkel, Kim Jong Il, Hillary Clinton, Mao, Jean-Bédel Bokassa, Usama Bin Laden oder eben Simonetta Sommaruga tragen oder trugen allerlei komische Uniformen, Sackkleider, Bettüberwürfe, Umhänge, Vorhänge oder sonstige Tücher, aber eben nicht Anzug und Krawatte.

Leute, denen man vertraut, tragen Anzug und Krawatte. Der Versicherungsmakler zum Beispiel. Ihr Kundenberater bei der CS. Nationalrat Erich Hess. Österreichs Bundespräsidentenkandidat Norbert Hofer. Russlands Präsident Putin. Die vielen jungen smarten und manchmal noch pickelgesichtigen Anzugträger über Mittag in den Bistros unserer Grossstädte, bei denen sich unsereins fragt, was diese Männer den ganzen Tag über in den Büros eigentlich tun. Herr und Frau Schweizer hingegen wissen: Da stimmt die Welt noch, da wird redlich und fleissig gearbeitet. Da ist eine Frau oder eine Mutter zu Hause, die diese Anzüge und Hemden bügelt.

Also trägt der Islamist Erdogan eben auch Anzug und Krawatte und nicht die übliche Höhlenbewohnerkleidung seiner Berufskollegen. Er schafft damit das Vertrauen in den Islamismus, das jetzt nach all den Anschlägen dringend nötig ist. Ein rechtschaffener Mann, der eine gattlige Frau sein Eigen nennt, in einem anständigen Palast wohnt statt in Abbruchliegenschaften in Mosul und vor allem nicht herumhurt wie die üblichen Tücher- und Kopftuchislamisten, bei deren Anblick ältere Damen zusammenzucken wie einst die Grossmutter bei Räuber Hotzenplotz. Mit Erdogans Auftritt kann auch der grösste Kritiker des Islamismus umgehen und seine negative Sicht auf diese demokratische Denkrichtung revidieren.

Das ist bei vielen IslamgegnerInnen der neuen Rechten passiert. Denn der Feind ist ja der Islam, der bekanntlich nichts mit dem Islamismus zu tun hat. Also ist der Islamismus gar nicht das Problem. Das autoritäre Machtwort, Säuberungen, Verpetzen, Prügeln, Herumgefuchtel mit Waffen, das ist nicht einfach islamistisch, das ist auch deutsch und abendländisch und russisch ohnehin, und wenn die Kleider dazu stimmen, warum nicht. Das würde auch der Schweiz guttun. Und die SVP sammelt sich vor den Gülen-freien Kebabständen und nimmt mal ein «Probiererli». En Guete!

PS: Dass Obama bei oben erwähnten Leuten nicht «funktioniert», liegt nicht an seinen perfekt sitzenden Anzügen, sondern an seiner Hautfarbe.

Das Nacktsenfie geniesst die Freiheit.

widmer

24. November 2016

Verlöcherte Kunst

*Ruedi Widmer über
Kunst und Gepfusch*

In den Neunzigerjahren stellte der amerikanische Künstler Donald Judd drei Betonbrunnen in ovaler Trogform in die Winterthurer Steinberggasse, die trotz ihres Betonminimalismus sofort die Herzen der Menschen erreichten, weil man in ihnen auch baden darf.

In der Vorweihnachtsszeit hatten die Geschäftsinhaber der Gasse jeweils auf die hölzerne Winterabdeckung der Brunnen grosse hölzerne Krippenfiguren gestellt, die sich ebenfalls grosser Beliebtheit in der Bevölkerung erfreuten.

Letztes Jahr wurden die Brunnen vom Stadtwerk, der lokalen Wasserbehörde, mit dichteren Leichtmetalldeckeln zugedeckt, da Winterschmutz und Fasnachtskonfetti die Tröge angegriffen und die Abflüsse verstopft hatten. Doch diese Deckel boten keine Möglichkeit mehr, die Krippenfiguren darauf zu befestigen, und so wurde letztes Jahr zum Unmut der Bevölkerung auf das Aufstellen der Figuren verzichtet.

Um sie wieder zeigen zu können, haben die GeschäftsbesitzerInnen einen Metallbauer damit beauftragt zu prüfen, wie man die Krippenfiguren auf die Leichtmetalldeckel schrauben könnte. Die Stadtwerk-Männer haben die Deckel zusätzlich sauber mit dem Brunnentrog verbolzt, damit die Figuren sicher stehen. Die Winterthurer Kunstkommission zeigte sich schockiert über das Ausmass der Kunstzerstörung. Verbolzen bedeutet nämlich naturgemäss auch bohren.

Als gelernter Gestalter und Verorter von Lächerlichkeiten habe ich zwei Herzen in meiner Brust.

Es ist verständlich, dass der Handwerker eine gute Lösung sucht, und es ist ebenso verständlich, dass die Kunstkommission keine Freude hat, wenn man ein Kunstwerk eines namhaften Künstlers verlöchert, aber es ist auch etwas lustig. Es ist der Zusammenprall der Antipoden Obi-Baumarkt und Zürcher Hochschule der Künste.

Gerade die Schweiz hat ein sehr hohes gestalterisches Niveau in der öffentlichen und auch privaten Architektur. Es ginge oft fantasievoller, aber das meiste ist grundsolide. Das ist ein eigentliches Wunder. Auch hier bestimmt eine «Elite», wie etwas zu sein hat. Zum Glück hat das Wutbürgertum davon noch nichts mitbekommen.

Für den Bauherrn lohnt sich nämlich der grosse Name des Architekten oder der Künstlerin allenfalls aus Imagegründen. Ist das Bauwerk nicht mehr neu, bekommt er nur Probleme: Der Denkmalschutz lehnt jegliche Änderungen ab. Der Architekt kann auch nach Jahren noch gegen den Bauherrn klagen.

Natürlich gibt es eine ganze Menge geschmackloser Architektinnen und Architekten im Land, die aber ihre eigenen Schöpfungen nicht als hässlich erkennen, sondern es einfach nicht besser können. Auch da kann es Rechtsstreit geben, wenn der Bauherr am Gebäude etwas ändern will.

Ich würde mit dem zweiten Herzen in der Brust ein Büro gründen, das aktiv und aggressiv damit hausiert, ganz bewusst Gebäude zu planen, die nie in den Fokus der Denkmalpflege geraten. «Wir bauen nur für Sie. Nicht für uns oder die Bevölkerung oder den Denkmalschutz.» Ich würde die schlechtesten Gestalter, dafür aber die besten Statiker einstellen. Letztere sorgen dafür, dass das Gepfusch nicht zusammenfällt. Die besten Hobbyheimwerker dürfen für ein gutes Entgelt lustvoll und frei Verschläge anbringen, Schindeln, etwas mit Ziegeln, eine verrückte Beleuchtung.

Die Bauherren wären hell begeistert, weil sie das Gebäude nach fünf Jahren niederreissen dürften, ohne dass ich oder irgendwelche Kunstleute intervenierten. Ich würde sogar jubeln, wenn die Bagger auffahren.

Der Bauherr geniesst seinen Vorteil in dem Moment, wenn bei seinem Kollegen, der mit Diener & Diener oder Botta gebaut hat, die Gerichtstermine beginnen. Ich gehe mich mit dem Bauherrn in der Rheinfelder Bierhalle betrinken und zeichne ihm auf den Bierdeckel schon sein nächstes Gebäude, das im Rausch noch krummer wird als alles, was Frank O. Gehry je gebaut hat.

So erreiche ich Volksnähe und habe trotzdem Spass dabei.

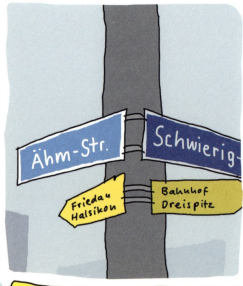

Hier erinnern die Strassennamen nicht an alte Flurnamen, sondern an den mentalen Zustand der Strassennamenfindungskommission.

widmer

Die letzten Geheimnisse einer rationalen Welt von Ruedi Widmer

Nr. 743 / Viel zu viel Birnensaft

Der nasse Sommer beschert den Schweizer Mostobstproduzenten eine grosse Ernte. Allerdings wird es viel zu viel Birnensaft geben (41% mehr als im Vorjahr). Der Bund habe nun einmalig 2,5 Millionen Franken gesprochen, um das überschüssige Saftkonzentrat zu verwerten, berichtete der «Tages-Anzeiger» gestern. Doch wie sieht diese Verwertung denn aus, fragt sich ein der Mostobstproduktion Unkundiger.

Der überschüssige Birnensaft wird per Wasserleitung in alle Haushalte der Schweiz geführt. Ein Birnbad hat noch niemandem geschadet.

Trüge nur schon jeder zweite Schweizer einen Tag lang eine Birne auf dem Kopf, könnten bereits 11% der Überschüsse verwendet werden.

Es ist eine Birne, die nicht zu leuchten, aber zu stinken beginnt; selbst im Dunkeln.

Die Birnen können als besonders sparsame Energiesparbirnen verwendet werden, die überhaupt keinen Strom mehr verbrauchen.

Würden den herumliegenden überschüssigen Birnen ein bisschen Beine gemacht, könnten sie für leichte Haushaltsarbeiten, als Meldeläufer oder zur Kinderbeaufsichtigung herangezogen werden.

23. Februar 2017

Baumarktpolitik

Ruedi Widmer über Laienschaft als Lösung

Als ich vor einiger Zeit ins Restaurant ging und zuerst zehn Minuten auf die Bedienung und dann eine halbe Stunde aufs Essen (kalt) wartete und beim Erkunden nach dem Verbleib des Mahls von der Bedienung angeschnauzt wurde, schoss es mir durch den Kopf: Die eigensinnige Annäherung dieses Restaurants an den Themenkomplex «Gastronomie» ist das, was die Hälfte der US-AmerikanerInnen an der Herangehensweise des erklärten Nichtpolitikers Donald Trump an die Politik schätzt. Es ist das Unvollkommene, das Menschliche, das sie rührt. Sie sehen sich selber in Trump, sie sehen sich selber im Oval Office sitzen. Mächtig stolz, Präsident zu sein, aber aus lauter Überforderung und Unverständnis voller Verachtung gegenüber dem ganzen Regierungsapparat und dem Parlament. Denn diese braucht ein Menschgebliebener aus dem Mittleren Westen oder aus Oberwil-Lieli doch gar nicht.

Mit dem gesunden Menschenverstand des Laien geht alles schneller und unkomplizierter. Den gesunden Menschenverstand verliert man aber, wenn man sich in Schulen bildet oder ein Buch liest. Der Verstand verfängt sich in den Buchstabenzeilen, er schleift sich ab an all den Wörtern, die nur erfunden wurden, um nicht verstanden zu werden.

Das Leben wird einfacher, wenn man die menschlichen Seiten zu schätzen beginnt und nicht alles so furchtbar genau nimmt. Man ärgert sich dann nicht mehr so über die alltäglichen Strapazen. Ich freue mich seit gut einer Woche einfach, wenn ich nicht bedient werde, generell über alle Zugverspätungen, ich freue mich, wenn der herbeigerufene Elektriker sich weigert, etwas von seinem Beruf zu verstehen, und das nicht verhehlt. Ich freue mich, wenn ich vor verschlossenen Schaltern der Post stehe. Mit mir freuen sich auch die vielen Fans des US-Präsidenten.

Allerdings stimmt an dieser einleuchtenden These mehr oder weniger alles nicht. Denn die Fans des amerikanischen Präsidenten sind im Gegenteil überdurchschnittlich unausgeglichen, sehr ungeduldig, sie sind gekränkt, wenn sie nicht bedient werden, sie ärgern sich im Verkehr über alle anderen VerkehrsteilnehmerInnen. Sie drängeln sich an der Kasse vor, sie meinen dauernd, zu kurz zu kommen. Von den AusländerInnen, die ihnen dauernd auf die Füsse treten, haben wir noch nicht einmal gesprochen.

Das hiesse auch, dass die Unprofessionalität des oben erwähnten Restaurants überhaupt nicht an den liebenswerten menschlichen Eigenheiten des Personals liegt, sondern an der fehlenden Autorität des Chef de Service oder des Besitzers. Oder überhaupt an der zu hohen Anzahl Angestellter, die herumhühnern, sich missverstehen und miteinander um die Macht ringen. Es gibt ohnehin zu viele Menschen auf der Welt. Der Makel des Restaurants wäre demnach, dass es nicht einfach einer allein macht.

Trump, Erdogan, Putin, da ist Klarheit, Einfachheit, wie im Märchen oder im Globibuch. Ein Mann, ein Volk. «Wenn es das Volk richtig macht» (Hedi Wyler), braucht es nicht mal mehr Parteien, SteuerbeamtInnen, Sozialhilfe, Kontrollapparate und Polizei. Es alleine machen, das finden sehr viele gegenüber dem rechten Politspektrum offene Menschen gut.

Doch wie immer existieren auch hier Ausnahmen. Die oft rechten ImpfgegnerInnen, die finden es nicht gut, es alleine zu machen. Denn laut der Heilpraktikerin Zita Schwyter aus Uznach – kürzlich in der *Toggenburger Zeitung* – führen Impfungen zu Masturbation, einer sehr schlimmen Krankheit, die mit dem Geschlechtsteil ausgetragen wird.

Donald Trump masturbiert nicht nur mit seinem Geschlechtsteil, sondern mit seinem ganzen Verstand. Er ist vermutlich mit allem geimpft, was der Markt hergibt. Das müsste doch den Impfgegnerinnen und alternativen Heilsuchern zu denken geben.

Doch für diese ist Donald Trump nicht krank, er ist alternativ gesund.

Im «Ochsen» spuckt der Chef noch persönlich in die Suppe.

"Diese Zeitschrift erscheint nur 2x jahrzehntlich."

Schöne Erlebnisse mit Wespen

widmer

18. Mai 2017

Kreisläufe

Ruedi Widmer kehrt um

Kürzlich stand ich mit meinen Kindern vor dem Aquarium des Zitteraals, den ich selber schon als Kind kannte. Seit 1954 ist der im Zoo Zürich, also etwa so lang, wie Königin Elizabeth auf ihrem Thron sitzt. Die Anlage wurde kürzlich erneuert, und wir stiessen gerade dazu, als ein Zooguide über das Tier referierte.

Am nachhaltigsten beeindruckt haben mich weniger des Fisches bekannte Stromstösse, mit denen er seine Beute lähmt, als vielmehr das Detail, dass die Exkremente nicht etwa am Ende des langen Körpers ausgeschieden werden, sondern zwischen Maul und Kiemen, was von den Erwachsenen mit Gelächter und von den zahlreichen Kindern mit «Wääh»-Ausrufen erwidert wurde. Tatsächlich beschäftigt es mich stark, wenn etwas ganz umgekehrt ist. Kürzlich spielte ich mit meinem Illustrationskollegen Samuel Jordi in Gedanken eine Gesellschaft durch, die in Scham und alleine für sich Speisen zu sich nimmt, sie aber in Gesellschaft und angeregtem Gespräch wieder ausscheidet. Von der römischen Upperclass sind solche Toilettensitzungen zwar überliefert, aber das Einnehmen der Mahlzeit fand ebenfalls am Tisch statt. Wir stellten uns hingegen abschliessbare Speisekabinenbatterien vor, in die man die Mahlzeit mitnimmt, dort das Gesicht entblösst und hastig und ohne Genuss ein lieblos gekochtes Einheitsgericht einnimmt, den Mund danach gründlich reinigt und das Mundtuch wieder umlegt. Am Abend macht man dann aufgebrezelt in der gerade angesagtesten Trendtoilette der Stadt ab.

Was nun komisch erscheint, ist an anderen Orten des Lebens gang und gäbe. Geld einnehmen zum Beispiel ist mehrheitlich ein verschwiegenes Geschäft, das jeder für sich selber macht, hingegen das Geldausgeben ein meist öffentlicher Akt, dessen Resultate bei vielen Leuten auch gleichförmig wie Scheisse aussehen: die gleiche Louis-Vuitton-Tasche, die gleichen Tattoos, die gleichen grossen Autos, die gleichen teuren Uhren. Man will in diesen Fällen gesehen werden mit seinen Ausscheidungen.

Die zweite Irritation am besagten Zoobesuch war beim Pinguinbecken. Einer der Königspinguine ging tauchen, um sein Geschäft zu verrichten. Deutlich war durchs Fensterglas zu sehen, wie das Ausgeschiedene sofort von einem kleinen Fisch verspeist wurde, der naturgemäss in absehbarer Zeit wieder gefressen wird. So kleinräumig ist der Ernährungskreislauf bei uns Menschen glücklicherweise nicht, auch wenn wir oft Scheisse vorgesetzt bekommen. Aber es ist wenigstens nicht unsere eigene.

Dass wir zu unseren inneren Organen keine richtige Beziehung haben, finde ich fast jeden Tag komisch. Optisch läuft ja rein gar nichts, es ist eine Fernbeziehung, die auf eine Art rein telefonisch geführt wird. Schon wenn man mit seinem Magen nur skypen möchte, muss man in die Röntgenabteilung des Kantonsspitals gehen. Was für eine enorme Leistung der Magen vollbringt, geht so meist vergessen. Immerhin kann man oben ungefragt alles Mögliche reinlassen, und der Magen ist immer fähig zu vergären. Diese Universalität erinnert an das Dateiformat PDF. Der Durchlaufprozess bei meinem Lieblingsgetränk Rivella Rhabarber ist komplizierter: Das Getränk scheidet eindeutig einen Rhabarbergeschmack aus, obwohl laut letzten Presseberichten nie eine Stange Rhabarber den Weg ins Getränk gefunden hat. Es ist also eher ein Gebärprozess in der Gebärmutter von Rivella Rhabarber als ein Gärprozess in dessen Magen und Darm.

Um den Kreislauf dieses Texts zu schliessen, muss ich nochmals auf das Jahr 1954 und den Zitteraal Elizabeth zurückkommen. Ich habe einen Scheiss erzählt. Der Zitteraal hat eine Lebenserwartung von 15 bis 22 Jahren, also müssen schon mindestens drei solche Tiere im Zoo Zürich zugegen gewesen sein, auch wenn man sie optisch nicht unterscheiden kann.

11. August 2011

Eine richtige Grüne Partei

Ruedi Widmer über Politik mit Seehund und Kojote

In einem Wahljahr wie diesem ergibt sich wieder mal die Möglichkeit, gründlich über die Versprechungen der Politik nachzudenken. Bei der Betrachtung aller Modelle, die einem in Presse, Briefkasten und Fernsehen um die Ohren gehauen werden, komme ich zum Schluss, dass bei den grünen Programmen am ehesten ein wirklicher Gestaltungswille erkennbar ist. An den grünen Parteien aber stört mich, wie an den anderen Parteien im Übrigen auch, seit jeher die alttestamentarische Idee, der Mensch sei die Krone der Schöpfung. Natürlich betont eine fortschrittliche Partei wie beispielsweise die Grüne Partei der Schweiz diesen Gedanken nicht ausdrücklich; er ist aber zu erkennen in Sätzen wie «Die Natur und der Mensch» et cetera oder überhaupt in der Losung, es liege einzig am Menschen, die Natur zu schützen. Dabei läge es im fortschrittlichen Denken der modernen Wissenschaft durchaus im Bereich des Möglichen, dass sich auch Tiere am Umweltschutz beteiligen. Die Grüne Partei hat beispielsweise nirgendwo ein Tier in ihren Reihen. Das spricht nicht wirklich dafür, dass sie den Menschen als Teil der Natur betrachtet, gleichberechtigt neben Bachdrossel, Kojote und Seehund.

Man kann sagen: Okay, der Mensch gehört zur Natur wie die oben erwähnten anderen Lebewesen, dann aber müssen sich die Tiere so weit emanzipieren, dass der Mensch es nicht mehr nötig hat, sich als Krone der Schöpfung zu betrachten. Dann heisst es, liebe Fische, Hände aus den Hosentaschen, Schluss mit der Schwimmerei, ran an die Arbeit! Brillenbären, bewegt eure Hintern, sucht euch Arbeit wie alle anderen auch! Papageien, lasst euren Worten Taten folgen, die Zeit der Geschwätzigkeit ist vorbei, die Erde muss JETZT gerettet werden, nicht am Sankt-Nimmerleins-Tag!

Oder aber man sagt, der Mensch ist Teil der Natur in dem Sinne, dass seine Taten ebensolchen Schutz verlangen wie das Tun der anderen Lebewesen. Es gibt Dutzende Vereine, die sich dem Schutz des Brutverhaltens des Steinkauzes widmen. Es gibt aber beispielsweise keinen Verein, der sich ausdrücklich um den Schutz der menschlichen Gier bemüht. Es gilt gemeinhin als unsittlich, die Gier des Menschen zu akzeptieren; nicht mal die Gierigen selbst stehen zu dieser Eigenschaft, sondern verstecken sie hinter Begriffen und Floskeln wie «Investment Banking», «Markt» oder «Die Partei für den Mittelstand». Ist nun das Brutverhalten des Steinkauzes natürlicher als der menschliche Hang zur Gier? Oder ist ein Löwe, der ein Zebra verhackstückt, moralisch integrer als ein sogenannter Abzockermanager? Ist ein Geier, der über einem Kadaver kreist, der Schöpfung näher als ein Geldspekulant?

Hier liegt für mich das Potenzial einer richtigen Grünen Partei, einer Partei nämlich, die die Natur frei wuchern und blühen lässt, mit allen Widersprüchen, die Teil ihrer selbst sind. So soll jeder ein Atomkraftwerk bauen dürfen, aber auch jeder es wieder schliessen dürfen, jedermann darf sich frei auf der ganzen Welt niederlassen, wie es die Zugvögel tun, jeder darf den anderen fressen. Die Armen dürfen die Reichen bestehlen (was umgekehrt ja heute schon erlaubt ist). Jeder darf mit einer Pistole herumlaufen, jedes Zeughaus darf aber auch Schusswaffen annehmen. Die Kurse der Währungen dürfen frei nach oben und unten schiessen. Es spielt keine Rolle, weil man sich in den Läden die Waren umsonst nehmen kann. Das macht alle Naturteilnehmer glücklich: Die Krawallkids von London, die Tea-Party-Bewegung, die Finanzoligarchen, die Armen, dich und mich. Und: GC darf sich auch dann «Fussball»-Club nennen, wenn der Verein vom FCZ 6:0 geschlagen wird.

Eine Partei, die das alles in ihrem Programm führt, hat meine Stimme im Herbst ganz sicher. Man kann jetzt einwenden, auch das Aufstellen von Regeln und Gesetzen stamme vom Menschen, sei also ebenso Teil der Natur wie die Entwurmung von Nashörnern durch Vögel. Das stellt natürlich meine These infrage, aber meine These, so falsch sie auch sein mag, ist Teil unserer Natur, die wir zu schützen haben vor dem Ungemach von … ja, von wem eigentlich?

Die letzten Geheimnisse einer rationalen Welt von Ruedi Widmer

Nr. 831 / Abnehmen

Wärmere Temperaturen, leichtere Kleider, mehr sichtbares Fett.

① Warum werden Bäume nicht dick?

② Weil wir nur herumstehen? Ich mache nicht mal Sport. Obwohl ich viel Zeit dazu hätte.

③ Ich bin einfach viel im Wald, an der frischen Luft.

④ Praktisch alle Bäume verzichten auf Fleisch.

⑤ Ausser ich.

⑥ Es begann bei mir fast unbewusst. Mal einen Specht oder ein Eichhörnchen, das mich kitzelt.

⑦ Ein Reh, ein Fuchs. Was halt um meine Wurzeln streicht. Irgendwann packt man heisshungrig ein Wildschwein.

⑧ Der Förster bringt manchmal Reste seines Mittagessens. Kürzlich waren Leute von der Universität bei mir.

⑨ Ich träume vom McDonalds. Der Vorteil des Baumes ist: Er braucht nicht attraktiv auszusehen für ein anderes Geschlecht. Deshalb ist es erstaunlich, dass nicht mehr Bäume Torten und Braten essen.

⑩ Das würde sich schnell ändern, wenn Bäume mobiler würden oder Geld hätten.

Präsident Punkt

Ruedi Widmer führt uns übers Engadin in flache Welten

Es gibt diese Wörter, die man im Lesefluss falsch betont. Der neue Trend «Brathering» zum Beispiel. Jetzt muss man Brathering machen, das ist gesund. Die Norddeutschen wissen das schon lange. Ich selber strauchelte kürzlich über den mir eigentlich bekannten Verschwörungstheoriebegriff «Chemtrail», den ich, in Anbetracht bevorstehender Engadinferien, beim Lesen rätoromanisch statt englisch betonte: Chemtrail GR, ein schmuckes Dorf mit sgraffitogeschmückten Häusern, zwischen La Punt Chamues-ch, S-chanf und Cinuos-chel-Brail gelegen.

An Chemtrails, angeblich von US-Flugzeugen in der Stratosphäre ausgestossene chemiegetränkte Kondensstreifen, glauben nicht nur rechtsesoterische Geister, sondern, seit die USA wieder böser geworden sind, auch manche Linke. Mich fasziniert diese Idee schon lange, besonders deshalb, weil kaum einer der Theorie anhängenden Menschen mal einen Flughafen besucht, um zu beobachten, was um ein amerikanisches Flugzeug herum genau passiert, während es betankt wird. Oder PilotInnen der American Airlines oder Delta Air Lines zur Rede stellt. Viel lieber steigt man doch gleich selber ins Flugzeug ein und fliegt mit. Auf 10 000 Metern sind Chemtrails nämlich für niemanden mehr ein Thema. Und in den USA gibt es tolle Brathering-Workshops, bei denen der eigene Astralkörper entschlackt und nochmals neu geboren wird.

In 10 000 Meter Höhe kann man die Rundung der Erde erkennen. Deshalb ist es verwunderlich, dass mancher Chemtrail-Geleitete auch die Scheibenerde-Theorie in sein Gedankengebäude hineinwuchtet. Die «Flat Earther» glauben, die Erde sei eine Scheibe und keine Kugel. Online wächst diese Bewegung enorm schnell. Ihre Beweise sind stichhaltig: Die Sonne könne nicht Millionen von Kilometern von der Erde entfernt sein, denn dann wäre es unmöglich, dass Wolken hinter der Sonne durchfahren. (Ich selber habe noch nie Wolken hinter der Sonne durchfahren sehen, aber mich blendet es auch, wenn ich in die Sonne schaue.) Die Sonne der Flachwelt ist in der Höhe von 5000 Kilometern montiert und beleuchtet als beweglicher Spot den Tagesablauf der ScheibenweltlerInnen. Rund um die Scheibe ist eine Eiswand, die Antarktis, was mich erneut an den Witz erinnert, in dem sich ein Betrunkener um eine Litfasssäule tastet und ruft: «Hilfe, ich bin eingemauert.»

Die Scheibentheorie benötigt eine ganze Armada von Lügnern und Betrügerinnen, die in der Astronautik arbeiten, oder eben die ohnehin verdächtigen PilotInnen. Wenigstens gibt es bei den ScheibenerdlerInnen keine Globalisierung.

Ich selber hänge meiner eigenen Theorie an, nach der der Ball bei Fussballspielen eine Scheibe ist, die mir – und wirklich nur mir – eine Kugel vorgaukelt. Die Ballscheibe dreht sich nämlich immer genau in meine Richtung. Der Beweis: Schon die Menschen, die im Stadion links und rechts von mir stehen, sehen leicht den Seitenrand der Scheibe. Sie sagen es mir natürlich nicht, so wie sie mir auch sonst alles verschweigen.

Das Traurige an den «Flat Earthers» ist die fantasielose Ernsthaftigkeit, mit der sie dieser eigentlich reizvollen Idee begegnen. Denn eine flache Welt kann uns den Blickwinkel öffnen. Im Roman *Flächenland* von Edwin A. Abbott von 1884 erfährt man anhand einer zweidimensionalen Welt, wie ihren ebenfalls zweidimensionalen BewohnerInnen die dritte Dimension geisterhaft begegnet. So können wir ein wenig nachvollziehen, wie sich uns eine vierte Dimension zeigen könnte. Im zweiten Teil gibt es ein «nulldimensionales Punktland», das einzig aus einem Punkt besteht, der nur sich selbst kennt und sich in Selbstgesprächen in den höchsten Tönen lobt. Dieser Punkt ist heute wieder brandaktuell.

13. Oktober 2016

Leer gesaugte Sonne

Ruedi Widmer versetzt sich in Andersdenkende

Die Zeitungslandschaft Schweiz ist im Umbruch: Erfolgsblätter wie die *Weltwoche*, die NZZ oder die *Basler Zeitung* beglücken die Investoren, die Leute reissen sich jeweils um die letzten Exemplare an den Kiosken. Alternatives Wissen ist gefragt beim Publikum. Die Journalisten der alten kritischen Schule weichen in den Untergrund aus.

Ich möchte in diesem sehr links gewordenen Blatt wieder ein wenig den journalistisch höchst notwendigen Ausgleich herbeiführen, damit es die vielen verlorenen Leser wieder zurückgewinnt. Es gibt nämlich, was sich die Leserin und der Leser dieser Zeitung vielleicht gar nicht vorstellen können, nicht wenige Leute in der Schweiz, die noch Gewehr bei Fuss zur Kernenergie stehen. Die Kernenergie hat viele Vorteile. Neben dem Kühlturm, der das zu warme Klima etwas herunterkühlt, ist der grösste Vorteil, dass mit Atomkraft weniger CO_2 in die Luft gelangt. Die Kernenergie, besonders die mit einheimischen und (wichtig) Schweizerdeutsch sprechenden Atomen, ist absolut sicher und konkurrenzlos günstig und in Zeiten des Klimawandels unumgänglich.

Deshalb steht die Energiestrategie 2050 des Bundes so quer in der Landschaft. Warum sollten wir das Erfolgsmodell Schweiz aufgeben, nur um den paar versprengten Linken zu gefallen? Warum sollten wir Angst vor einem Atomunfall haben, wenn wir nur einheimische Qualitätsatome spalten? Frau Merkel, die Vorgängerin von Bundeskanzlerin Petry, setzt voll auf Wind- und Sonnenenergie. Diese Energie aber ist höchst schädlich, denn mehr Sonnenschein verursacht automatisch mehr Erderwärmung. Die Sonne kommt kaum mehr nach mit dem Liefern von Sonnenenergie, wenn wir so viele Solarzellen installieren wie geplant. Es wird dunkel werden im Land, nicht nur in der Nacht (kein Strom für Licht), sondern auch am Tag. Denn in nur vier Jahren ist die gesamte Lichtmenge, die die Sonne noch abzugeben vermag, aufgebraucht. Die Sonne wird richtiggehend leer gesaugt von den Menschen mit ihren Solarzellen. Lesen Sie diese Sätze ruhig gleich nochmals. In vier Jahren. Leer gesaugt. Doch jetzt muss ich aufpassen, dass ich keinen Unsinn schreibe. Es gibt den Klimawandel eigentlich gar nicht. Er ist eine Lüge der Elite, um gegen Autos, Bürger oder Erdöl zu sein. Es gibt ihn nur, wenn man Werbung für die billige, umweltfreundliche und sichere Atomenergie machen will. Aber das nur unter uns. Genauso wie die Wissenschaft subjektiv ist, ausser die Kernphysik und die Finanzwissenschaften. Usw., usf.

Es macht Spass, rechts zu schreiben. Ich verstehe jeden Journalisten, der bei der *Weltwoche* oder der neuen Porsche-Werkszeitung NZZ anheuert. Kürzlich sprach ich mit einer Strassenbekanntschaft aus der Nachbarschaft, wir gelangten in den Themenkomplex «Weltuntergang/Schlimmschlimm». Irgendwie waren bei ihm («Es liegt nur an der Überbevölkerung») an allem zuerst die Frauen schuld, später die Ausländer. Auf mein Argument, die Ausländer hätten in der Schweiz die ganzen Annehmlichkeiten und Infrastrukturen wie Autobahnen, Atomkraftwerke, Spitäler, Bahntunnels doch erst aufgebaut, antwortete der ältere Herr mit einem hochinteressanten Argument, das ich bis jetzt noch nicht mal bei den rechtesten der Rechten gehört habe: Die Ausländer hätten uns damit zu diesem schädlichen Wohlstand verführt. Ausschlag zehn auf der fremden Richterskala.

Ich halte diesen Senior nicht für repräsentativ. Aber es ist schon eine Zeiterscheinung, dass sich Menschen, die sich bis jetzt nicht für politisch interessiert gehalten haben, knallhart in die Debatten einsteigen. Das irgendwann vorgebrachte Argument «Ich weiss es ja nicht so genau» wird als Qualitätsmerkmal für die eigene «unideologische» Sicht verstanden.

Geniessen wir noch diesen letzten Monat ohne Präsident Trump. Dann ist alternatives Wissen offizielles Wissen. Mainstream.

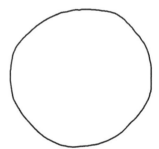

Ein Kreis entpuppt sich bei genauem Hinsehen als Rechteck ohne Ecken.

27. Oktober 2016

Unendlich viele Wahrheiten

*Ruedi Widmer erklärt
den Postfaktismus wissenschaftlich*

Das postfaktistische Zeitalter begann am 1. Oktober offiziell. Bis Ende Oktober gibt es noch eine Schonfrist für Fakten. Ich habe schon länger auf postfaktistisches Schreiben umgestellt. Fakten (PostfaktistInnen sagen zu Recht auch «Fuckten» dazu) sind eine Störung der Wahrheit, kleine Verklumpungen, die ein konkretes Aussehen annehmen, aber dadurch den Fluss der Wahrheit stören. Wahrheit kennt keinen Festzustand, sondern sie ändert sich von Sekunde zu Sekunde und kann ganz verschiedenartig aussehen wie alles im Leben.

Wenn in der Zeitung steht, die Grasshoppers und der FC St. Gallen hätten sich 2:2 getrennt, dann muss man davon ausgehen, dass 0:1, 4:1 und 8:3 ebenso stimmt.

Subjektivität ist das Wort, um postfaktistische WissenschaftlerInnen zu verdammen. Postfaktistische Politiker wie der geschätzte Donald Trump werden als Lügner abgetan. Das neue Weltbild wird verdammt. Der zu seiner Zeit ebenso missverstandene Galileo Galilei würde sich im Grab umdrehen. Und so drehe auch ich mich in meinem Grab um, wenn ich sehe, wie ich auf den folgenden Zeilen nicht verstanden werde.

Wer sich ein bisschen in Quantenphysik auskennt, weiss, dass sich Teilchen in Experimenten anders verhalten, wenn sie unter Beobachtung stehen. Teilchen können auch verschiedene Zustände gleichzeitig haben.

Ich zitiere, noch ganz faktisch, von der Website Naklar.at: «Im Doppelspaltexperiment wird ein Quantenteilchen – etwa ein Lichtteilchen, ein Elektron oder ein Atom – auf eine Platte mit zwei Schlitzen geschossen. Erstaunlicherweise zeigt sich, dass das Teilchen durch beide Schlitze gleichzeitig dringt und sich dahinter wellenartig mit sich selbst überlagert. Dadurch entsteht hinter den Schlitzen ein Wellenmuster, das sich nur durch die Annahme erklären lässt, dass das Teilchen zwei verschiedene Wege gleichzeitig zurückgelegt hat. Es liegt in einer Überlagerung des Zustandes ‹rechts› und des Zustandes ‹links› vor [...]. – Sobald man den Weg des Teilchens genau verfolgt, legt das Teilchen nicht mehr beide Wege gleichzeitig zurück, sondern jedes Mal nur noch einen – das Wellenmuster, das durch Überlagerung von zwei möglichen Wegen entstanden ist, verschwindet. Durch die Entscheidung des Experimentators, den Weg des Teilchens zu beobachten, wird das Experiment also verändert. Die Beobachtung zwingt das Teilchen dazu, sich für eine der Möglichkeiten zu entscheiden.»

Das heisst: Menschen, die die Not von Flüchtlingen sehen, sind BeobachterInnen und sehen die Welle, in diesem Fall die Flüchtlingswelle, nicht. Sie sehen nur das eine Teilchen, den einzelnen Menschen. Für Menschen, die nicht hinschauen, existiert die Flüchtlingswelle. Mit zwei Schlitzen erhalte ich zwei Wahrheiten.

Und so kann man Teilchen durch eine unbegrenzte Anzahl von Schlitzen schiessen und wird unbegrenzt Wahrheiten erzeugen. Natürlich wird so eine Menge Abfall produziert. Dessen Lagerung findet im Trump Tower statt.

Es gibt also unendlich viele Wahrheiten. WissenschaftlerInnen, die etwas von dieser Sache verstehen, werden meine Schlussfolgerung lächerlich finden. Leute, die nicht hinsehen und Dinge nur vom Hören- und Weitersagen kennen, werden mir hingegen begeistert zustimmen. Postfaktisch gesehen habe ich wissenschaftlich recht. Auch wegen des professionellen Klangs meiner Schlussfolgerung werden mir viele glauben. Nicht hinschauen oder etwas nicht richtig verstehen bedeutet folglich nicht mehr, dass man nichts von der Sache versteht, sondern, dass man sich für einen möglichen Zustand der Sache entschieden hat. Schlechte Zeiten für Kulturpessimistinnen und Aufklärer. Die PostfaktistInnen sind die Einsteins unter den Menschen.

Haben Sie verstanden? Na klar.

Wiwi

wiwi meint: Ehrlichkeit schmeckt am längsten!

Die 4 neuen gluschtigen Joghurt-Geschmacksrichtungen

Allergiker-Info:

Diese Joghurts können Spuren von Aprikosen, Orangen, Erdbeeren und Himbeeren enthalten.

Widmer

24. März 2011

Das letzte Tabu

*Ruedi Widmer besucht eine
neue Subkultur*

Ein Einfamilienhaus mit Solarzellen auf dem Dach. Ein älterer Herr in beiger Strickjacke öffnet die Tür. «Wollen Sie einen Kaffee, oder sollen wir gleich in den Keller?», fragt er. Ihn freut das Interesse, das der Reporter ihm entgegenbringt, aber es ist ihm sichtbar mulmig zumute. C. F. (Name der Redaktion bekannt) ist einer der schätzungsweise 150 BetreiberInnen eines illegalen Atomkraftwerks in der Schweiz.

Nach der Abschaltung der letzten Schweizer AKWs und dem Allgemeinen Kernenergieverbot in den 2020er-Jahren bildeten sich vornehmlich in den Standortgemeinden der einstigen Werke illegale AKW-Szenen.

Sie bestanden hauptsächlich aus ausgemusterten MitarbeiterInnen der Axpo und der BKW. Ihre anfängliche Motivation war der museale Erhalt gewisser Kraftwerksteile, beispielsweise der Schaltpulte des Kommandoraums. Später begannen einzelne Leute, kleine Atomreaktoren für den Privatgebrauch zu konstruieren. Wirklich gelang es ihnen erst zusammen mit der deutschen AKW-Untergrundszene und ehemaligen Mitarbeitern von General Electric. 2034 erschien der HN-1000, der über eine russische Website erhältlich war, ein handlicher AKW-Bausatz, ideal für den Kellergebrauch, mit einer Nennleistung von 2000 Kilowatt. Die Kühlung der kleinen Brennstifte erfolgt über die normale Haussanitäranlage.

Auch C. F. hat einen HN-1000 in seinem Keller. Er summt, und die kleinen Turbinen rattern. C. F. war früher Operateur im Atomkraftwerk Gösgen. «Man wird wehmütig, wenn man an die stolzen grossen Anlagen zurückdenkt.» Der HN-1000 ist da ein kleiner Trost. Andere haben eine Modelleisenbahn oder ein CB-Funkgerät im Keller. Beim Heim-AKW kommt aber ein brisanter Aspekt dazu: Es ist illegal, und erwischte BetreiberInnen haben mit langen Gefängnisstrafen zu rechnen. Die Wahrscheinlichkeit eines Nuklearunfalls in der Schweiz ist durch die illegale AKW-Szene sehr viel grösser geworden. Dabei sollte der Ausstieg aus der Atomenergie genau diese Gefahr beseitigen. Die radioaktiven Brennstifte sind eine grosse Gefahr. Noch sind erst einmal welche im Hausmüll aufgetaucht. Noch.

«Die Solarzellen auf dem Dach sind bloss Attrappen», sagt C. F. «Damit die Gemeinde nichts bemerkt, weil ich keinen Strom mehr aus dem Netz beziehe. Mein Haus ist dank des Heim-AKWs energieautark.»

Eine kurze Autofahrt bringt uns nach Kleindöttingen, in der Nähe des stillgelegten Werks Beznau. C. F. führt mich zu einem Luftschutzkeller und verabschiedet sich schnell. «Hier ist der Nachwuchs.» Hinter einer Tür dröhnt laute Musik. «Das sind Störfall aus Hessen», sagt ein junger Mann, der plötzlich hinter mir steht. «Komm rein!» Harte Gitarren, etwa hundert Leute. Der Sänger schreit: «Biblis eins, Biblis zwei, du mein Biblis!» Wild haut der Schlagzeuger auf das Abklingbecken. «Wir rächen dich, Biblis!»

Der junge Konzertveranstalter heisst R. P. und engagiert sich beim Nuklearen Widerstand (NW). Die Schweiz werde erst wieder die Schweiz, wenn die Kernkraftwerke wieder liefen, steht auf der NW-Website. Der Nukleare Widerstand veranstaltet Gedenkaufmärsche in Gösgen, Leibstadt oder Mühleberg. «Tschernobyl hat nie stattgefunden. Fukushima war eine TV-Inszenierung.» R. P. will Rache: «Rache für die Abschaltungen.» In einem Nebenraum des Luftschutzkellers stehen Rache 1 und Rache 2, zwei illegale HN-1040-Reaktoren, die von der besoffenen und grölenden Menge live gesteuert werden, um die Verstärker von Störfall zu betreiben. Jeder darf mal. Atomkraft, das letzte Tabu, ist sehr attraktiv für junge Männer auf der Suche nach Identität.

Die letzten Geheimnisse einer rationalen Welt

Nr. 709 / Dreikönigskuchen — von Ruedi Widmer

Schon mehrmals hat sich diese Serie in den vergangenen Jahren mit dem gestrigen Dreikönigskuchen beschäftigt.

23. NOVEMBER 2017

Schluss damit!

Ruedi Widmer über eine Welt ohne Politik

Die deutsche Wirtschaft sagt nach dem Ende der deutschen Koalitionsverhandlungen ganz entspannt, sie brumme auch ohne Politik. Belgien blieb 2010/11 540 Tage lang ohne feste Regierung. Ähnlich wie Staatsfernsehen oder Sozialstaat ist auch die Politik in der digitalisierten Welt nicht mehr nötig. Politik ist laut, schmutzig und kostet die SteuerzahlerInnen Millionen. Politikseiten in den Zeitungen werden überblättert, Gemeindeversammlungen verwaisen. Nicht mal eine Profipolitikerin wie Angela Merkel findet mehr genug PolitikerInnen, die mit ihr Politik machen wollen. Die Politik ist weltweit in der Krise. Selbst ein auf Trendpolitik Gebürsteter wie Donald Trump weiss nicht mehr, was er mit der Politik überhaupt noch machen soll, dabei sitzt er als US-Präsident an deren Quelle. Doch diese Quelle versiegt zunehmend. Im Sommer ist die Politik ausgetrocknet, die Parlamente sind gähnend leer. Der Klimawandel zeigt sich auch hier. Wirbelsturm «Lindner» hat gerade letzten Sonntag Jamaika verwüstet. Erdbeben wie «Erdogan» zerstören ganze Volkswirtschaften und Völker.

Auch in der Schweiz ist die Politik kaum mehr überlebensfähig. Reichte die Gemeindepolitik vor zwanzig Jahren noch bis in die Mitte der Gesellschaft, ist sie heute Hunderte Meter zurückgegangen. Politikabbrüche gibt es immer mehr, am Wochenende zum Beispiel die Ankündigung von SVP-Nationalrätin Magdalena Martullo-Blocher, Bundesrätin werden zu wollen. Es wurden 46 Personen schwer und 128 leicht verletzt. Solche Extremereignisse gab es vor zwanzig Jahren noch nicht. «Die Permapolitik, die das Ganze zusammenhält, verschwindet», konstatiert ein Politologe. Die Politik besitzt eine immense Anzahl Immobilien, Rathäuser und Verwaltungsgebäude, die bereits in wenigen Jahren umgenutzt werden könnten. Sie böten Platz für neue Einkaufsmöglichkeiten und trendige Cafés an bester Lage. Parlamente sind schon von der Form her als Kinos geeignet. Berns zukünftiges Kongresszentrum wird das Bundeshaus sein, Zürich findet nach langjähriger Suche endlich auch eines: am Limmatquai, wo heute noch KantonsrätInnen ein- und ausgehen.

Kantonsrat. Schon vom Wort her ein alter Zopf, der nicht mehr in unsere heutige Zeit passt. Wer unbedingt einen Kantonsrat will, was auch legitim ist, der soll ihn selber bezahlen. Aber der Mann und die Frau von der Strasse verstehen schon mal gar nicht, was im Rathaus alles besprochen wird. Gerade diese «Geheimsprache» der PolitikerInnen mit vielen langen Wörtern, ellenlangen Listen und Zahlenkolonnen ist schuld daran, dass die Politik zur Parallelwelt geworden ist, die keinerlei Berührungspunkte mit den Menschen mehr hat. Wer wirklich erfahren will, wie die Welt läuft, der kann das auf Youtube. Schlimm ist dieser Bedeutungsverlust nicht. Die Politik hat schon früher an Einfluss verloren. Die Natur zum Beispiel kommt heute weitgehend ohne Politik aus. Sie funktioniert wie ein Uhrwerk, KantonsrätInnen würden da nur stören. Als die Politik noch meinte, über die Natur bestimmen zu müssen, entstanden gefährliche Dinosaurier, die alles frassen, was ihnen in die Quere kam, und es gab mehr Vulkanausbrüche als heute. Bezeichnenderweise kam der Mensch in dieser Welt nicht vor. Das erinnert wieder etwas an heute, wo die Politik den Menschen auch völlig ausklammert und deswegen die Population von WutbürgerInnen immer grösser wird und diese immer längere Hälse und grössere Zähne bekommen.

Wollen wir wirklich darauf warten, bis die Politik von einem Meteoriten ausgeschaltet wird? Wir sollten jetzt Verantwortung übernehmen und mit diesem Irrweg lieber früher als später aufhören. «Gehört der Islam zur Schweiz?», wird gerade wieder gefragt. «Gehört die Politik zur Schweiz?», möchte ich da hinterherfragen.

Verzeichnis

2	**Garderobe** *Titanic*, Februar 2007
5	**Die Schweiz hat die Grippe** *Tages-Anzeiger*, 7. Januar 2017
6	**Ah!** Vorwort
8	**Lärmklage** *Tages-Anzeiger*, 13. Januar 2017
9	**Street Parade** *Tages-Anzeiger*, 29. August 2015
10	**Falsche Fahnen** WOZ 37/2011, 15. September
11	**Change** *Swissinfo*, 6. Juli 2017
12	**Massenauswanderung** WOZ 16/2016, 21. April
13	**TV-Gebühren** *Tages-Anzeiger*, 31. Mai 2013
14	**Schaukelpferd** *Context*, März 2009
14	**Der Sohn, der neue Mensch** WOZ 46/2009, 12. November
16	**Geheimnis/Familiennachfolge** *Der Landbote*, 14. Oktober 2014
17	**Kinderkrippe «Wespenstich»** *Tages-Anzeiger*, 7. Oktober 2017
18	**Emmentaliban** WOZ 19/2009, 7. Mai
19/20	**Burkadiskussion** (Ausschnitt) *Tages-Anzeiger*, 20. August 2016
21	**Monotheistische Weltreligionen** WOZ 10/2015, 5. März
22	**Trump in Japan** *Der Landbote*, 7. November 2017
22	**51 Prozent erreichen** WOZ 8/2011, 24. Februar
24	**Hans Zwöll** WOZ 34/2015, 20. August
25	**Energiewende** *Tages-Anzeiger*, 22. April 2017
26	**Kulturpessimisten** *Der Landbote*, 18. August 2015
26	**Word!** WOZ 21/2007, 24. Mai
28	**Kinder, was wollt ihr werden** *Tages-Anzeiger*, 30. April 2016
29	**Zugsverspätung** *Tages-Anzeiger*, 20. Mai 2017
30	**Die Schweiz hatte Stil** WOZ 18/2012, 3. Mai
31	**Swiss Sugarfree** *Saldo*, November 2009
32	**M-Budget Mayonaise** *Saldo*, September 2010
33	**Posttarife** *Saldo*, März 2012
34	**Schwarz-weiss denken** WOZ 16/2011, 21. April
35	**Weisse Körnchen** *Titanic*, 2007
36	**Saudi TT** *Tages-Anzeiger*, 30. September 2017
37	**IKEA** WOZ 40/2012, 4. Oktober
38	**Telefonieren heute** WOZ 14/2010, 8. April
39	**Mobiltelefonie im Auto** *Saldo*, Februar 2012
40	**Sunrise-Kundendienst** *Saldo*, März 2013
40	**Im Lift** (Ausschnitt) *Der Landbote*, 24. Oktober 2017
41	**Gurkenglas** *Saldo*, November 2016
42	**Heterosexuelle Revolution** WOZ 23/2013, 6. Juni
43	**Geheimnis/Nazivergleich** *Der Landbote*, 30. Mai 2016
44	**Homoehe** *Tages-Anzeiger*, 1. Juli 2017
45	**Nacktzuwanderer** *Tages-Anzeiger*, 7. Mai 2012
46	**Dinosaurier** *Horizonte*, Juli 2009
46	**Das Ausland muss abgeschafft werden** WOZ 08/2014, 20. Februar
48	**Kapseln** *Saldo*, Juni 2012
49	**Überteuerte Schweizer Kartoffeln** *Saldo*, September 2012
50	**Der Freisetzer** WOZ 39/2007, 27. September
51	**Insekten essen** (Ausschnitt) *Tages-Anzeiger*, 17. Dezember 2016
52	**Geheimnis/Päcklisterben** *Der Landbote*, 27. Dezember 2016

53	**Der Populist** WOZ 51/2016, 22. Dezember	68	**Geheimnis/Der Steingarten** *Der Landbote*, 19. April 2016	83	**Geheimnis/Fahne** (Ausschnitt) *Der Landbote*, 9. Dezember 2006
54	**Geheimnis/Pflanzenfreundlich essen** *Der Landbote*, 8. Juli 2014	69	**Damien Hirst** *Tages-Anzeiger*, 18. September 2008	84	**Geheimnis/Amerikanische Wissenschaft** *Der Landbote*, 17. Januar 2017
55	**Es hat gefleischt** WOZ 6/2016, 11. Februar	70	**Geheimnis/Billettautomat SBB** *Der Landbote*, 23. November 2010	85	**Googeln** *Tages-Anzeiger*, 9. Mai 2012
56	**In Stoff eingemauert** WOZ 40/2014, 2. Oktober	70	**Aufräumen als Kunst** WOZ 45/2013, 7. November	86	**Bin ich mit Ruedi Noser verwandt?** WOZ 43/2013, 24. Oktober
57	**Autoverlad durch die Burka** *Der Landbote*, 30. August 2016	72	**Riegelkernkraftwerk** WOZ 13/2011, 31. März	87	**Erdbeeren** WOZ 25/2017, 22. Juni
58	**Zweite Gotthardröhre** WOZ 2/2016, 14. Januar	73	**1000 Jahre AKW Beznau** WOZ 48/2016, 1. Dezember	88	**B-Post** *Saldo*, Oktober 2010
59	**Stolz, Schweizer zu sein** *Tages-Anzeiger*, 30. November 2013	74	**50 Cent Hamburger** WOZ, März 2006	88	**Alles ist bewegt** WOZ 06/2013, 7. Februar
60	**Das iPod-Problem** WOZ 32/2015, 6. August	74	**Die äthiopische Volksinitiative** WOZ 16/2014, 17. April	90/91	**Eidgenössische Kommission für Konsumentenfragen** *Saldo*, Januar 2016
61	**Grenzen schliessen** (Ausschnitt) WOZ 38/2015, 17. September	76	**Flüchtlingslager** WOZ 26/2015, 25. Juni	92	**Gut, böse, blind** WOZ 22/2015, 28. Mai
62	**Muslimbeschimpfungen** WOZ 49/2009, 3. Dezember	77	**Die letzte Phase des Kapitalismus** *Tages-Anzeiger*, 18. Mai 2015	93	**Steuersenkungen** *Tages-Anzeiger*, Juli 2008
63	**Hakenkreuzchen** WOZ 8/2016, 25. Februar	78	**Evolutionärer Höhepunkt** *Tages-Anzeiger*, 8. Januar 2014	94	**Shareholder Value** *Tages-Anzeiger*, 2. August 2012
64	**Restschnee** WOZ 9/2013, 28. Februar	78	**«Votey» wird die Welt verändern** WOZ 16/2015, 16. April	95	**Weniger verdienen** *Tages-Anzeiger*, 4. August 2011
65	**Geheimnis/Natur 2.0** *Der Landbote*, 12. März 2013	80	**Drahtlose Seilbahn** *Tages-Anzeiger*, 10. September 2016	96	**Erfolgreiche Entbildung** WOZ 11/2013, 14. März
66	**Planetenweggeschichten** WOZ 37/2016, 15. September	81	**Swisscom präsentiert selbstfahrendes Auto** *Saldo*, Mai 2015	97	**Handrückennotiz** (Ausschnitt) *Der Landbote*, 11. Mai 2005
67	**Saturn** (Ausschnitt) *Der Landbote*, 8. Juli 2004	82	**Es gibt keine Kreativität** WOZ 38/2015, 17. September	98	**Neu auch in Ihrer Schweiz** WOZ 04/2015, 22. Januar

99	**Alternative Burkas** (Ausschnitt) *Tages-Anzeiger*, 1. September 2016	116	**Ratschläge für anonyme Politiker** WOZ 22/2016, 2. Juni	133	**Fussball ist keine Kunst** (Ausschnitt) *Tages-Anzeiger*, Juni 2016
100	**AfD** WOZ 10/2016, 10. März	118	**Rentenalter 67** *Tages-Anzeiger*, 1. Oktober 2016	134	**Ratlos-Str.** *Der Landbote*, 24. März 2012
101	**Ausweis** *Tages-Anzeiger*, 4. Januar 2017	119	**Ostern in Belgien** *Tages-Anzeiger*, 26. März	135	**Geheimnis/Birnensaft** *Der Landbote*, 2. September 2014
102	**Die Pracht unter Huonders Robe** WOZ 34/2015, 20. August	120	**Brave Revolutionäre** WOZ 12/2016, 24. März	136	**Baumarktpolitik** WOZ 08/2017, 23. Februar
103	**Flüchtlingsschiffe** *Tages-Anzeiger*, 12. Dezember 2015	121	**Männeranteil** *Tages-Anzeiger*, 15. November 2012	137	**Geheimnis/Im Ochsen** (Ausschnitt) *Der Landbote*, 22. Januar 2002
104	**Echter Nazi** WOZ 36/2015, 3. September	122	**Steuerbetrug** *Tages-Anzeiger*, 18. Mai 2012	138	**Stellensuche** *Tages-Anzeiger*, 19. November 2012
105	**Nachbar** *Tages-Anzeiger*, 2. Mai 2017	123	**Cayman-Inseln** *Tages-Anzeiger*, 13. April 2012	139	**Halloween** *Tages-Anzeiger*, 1. November 2015
106	**Geheimnis/Konfetti** *Der Landbote*, 7. März 2017	124	**Die Moral** *Tages-Anzeiger*, 14. Dezember 2011	140	**Schöne Erlebnisse mit Wespen** gez. 21. Oktober 2013
106	**Das Volksfest** WOZ 50/2015, 10. Dezember	124	**Im Geheimnis** WOZ 9/2009, 26. Februar	140	**Kreisläufe** WOZ 20/2017, 18. Mai
108–111	**Imaginäre Abstimmungsplakate der Vergangenheit** *Saiten*, November 2014	126	**Der Neoliberale** *Tages-Anzeiger*, 4. Juni 2010	142	**Eine richtige Grüne Partei** WOZ 32/2011, 11. August
112	**Alles abgekupfert** WOZ 08/2016, 25. Februar	127	**Altersarbeitslosigkeit** *Tages-Anzeiger*, 14. Mai 2014	143	**Gesprächspartner** WOZ 20/2017, 18. Mai
113	**Menschenrechte** *Tages-Anzeiger*, 21. August 2014	128	**Unheil im Anzug** WOZ 31/2016, 4. August	144	**Geheimnis/Dicke Bäume** *Der Landbote*, 10. Mai 2016
114	**UBS-Bankräuber** WOZ 51/2010, 23. Dezember	129	**Nacktsenfie** gez. 22. August 2014	145	**Waffeninitiative** WOZ 4/2011, 27. Januar
115	**Bedingungsloses Grundentkommen** *Tages-Anzeiger*, 21. Mai 2016	130	**Die Grenze der Satire** *Tages-Anzeiger*, 16. April 2016	146	**Präsident Punkt** WOZ 33/2017, 17. August
116	**Impfzwängling** (Ausschnitt) *Tages-Anzeiger*, 29. Oktober 2016	131	**Lachen verboten** WOZ 13/2016, 31. März	147	**Weltzurechtbiegung** *Tages-Anzeiger*, 2. November 2012
		132	**Verlöcherte Kunst** WOZ 47/2016, 24. November	148	**Datenmuseum** *Saldo*, Februar 2017

149	**Gesichtserkennung**	
	Tages-Anzeiger, 9. September 2017	
150	**Leer gesaugte Sonne**	
	WOZ 41/2016, 13. Oktober	
151	**Geheimnis/Kreis** (Ausschnitt)	
	Der Landbote, 21. Februar 2012	
152	**Weltuntergang**	
	Tages-Anzeiger, 26. Januar 2012	
153	**Alternatives Denken**	
	Tages-Anzeiger, 27. Februar 2017	
154	**Unendlich viele Wahrheiten**	
	WOZ 43/2016, 27. Oktober	
155	**Heizpilze**	
	Tages-Anzeiger, 3. Dezember 2008	
156	**Snickers**	
	Saldo, November 2010	
157	**Joghurt**	
	Saldo, März 2011	
158	**Das letzte Tabu**	
	WOZ 12/2011, 24. März	
159	**Erdöl geht aus**	
	WOZ, April 2008	
160	**Super-GAU im Windkraftwerk**	
	WOZ 12/2011, 24. März	
161	**Laubbläser**	
	WOZ 41/2017, 12. Oktober	
162	**Geheimnis/Dreikönigskuchen**	
	Der Landbote, 7. Januar 2014	
162	**Schluss damit!**	
	WOZ 47/2017, 23. November	
167	**Büroherbst**	
	Context, Oktober 2011	

Büroherbst

Die Ordner verlieren ihre Blätter und sammeln sich auf dem Regal für den Flug in den Süden.

Widmer

Foto: Reto Oeschger, *Tages-Anzeiger*

Ruedi Widmer, geboren 1973 in Winterthur, ist gelernter Grafiker. Mehrere Aufenthalte auf der Redaktion der *Titanic* schärften sein Humorverständnis. Widmers Serie «Die letzten Geheimnisse einer rationalen Welt» erscheint seit 2000 ununterbrochen im Winterthurer *Landboten*. 2003 begann er mit Cartoons und Kolumnen für die WOZ *Die Wochenzeitung,* seit 2007 zeichnet er zudem für den *Tages-Anzeiger.* Heute arbeitet er regelmässig für mehrere Print- und Onlinemedien.

Von ihm sind ausserdem erschienen:

Die letzten Geheimnisse einer rationalen Welt. Cartoon-Kolumnen 2000–2009, Sewicky Verlag

Die Wirklichkeit, mit Fleisch nachempfunden / Reality, recreated with meat, Brikett Verlag; nur noch über den Autor erhältlich

ruediwidmer.ch
facebook.com/ruewid
instagram.com/ruediwidmercartoons

Ruedi Widmer dankt Sarah, Patrick, Ulrike und dem ganzen Rotpunktverlag, Lisa, Leo, Giacomo, Manuel Stahlberger, Stefan Gärtner, Constantin Seibt, Samuel Jordi, Jakob Bächtold und *Der Landbote,* WOZ *Die Wochenzeitung, Tages-Anzeiger, Saldo, Context, Saiten, Titanic.*